Stefan Brüne

Europas Außenbeziehungen und die Zukunft
der Entwicklungspolitik

Otto von Freising-Vorlesungen
der Katholischen Universität Eichstätt-Ingolstadt
Band 24

Herausgegeben von der
Katholischen Universität Eichstätt-Ingolstadt

Stefan Brüne

Europas Außenbeziehungen und die Zukunft der Entwicklungspolitik

VS VERLAG FÜR SOZIALWISSENSCHAFTEN

VS Verlag für Sozialwissenschaften
Entstanden mit Beginn des Jahres 2004 aus den beiden Häusern
Leske+Budrich und Westdeutscher Verlag.
Die breite Basis für sozialwissenschaftliches Publizieren

Bibliografische Information Der Deutschen Bibliothek
Die Deutsche Bibliothek verzeichnet diese Publikation in der Deutschen Nationalbibliografie;
detaillierte bibliografische Daten sind im Internet über <http://dnb.ddb.de> abrufbar.

1. Auflage März 2005

Alle Rechte vorbehalten
© VS Verlag für Sozialwissenschaften/GWV Fachverlage GmbH, Wiesbaden 2005

Der VS Verlag für Sozialwissenschaften ist ein Unternehmen von Springer Science+Business Media.
www.vs-verlag.de

Das Werk einschließlich aller seiner Teile ist urheberrechtlich geschützt. Jede Verwertung außerhalb der engen Grenzen des Urheberrechtsgesetzes ist ohne Zustimmung des Verlags unzulässig und strafbar. Das gilt insbesondere für Vervielfältigungen, Übersetzungen, Mikroverfilmungen und die Einspeicherung und Verarbeitung in elektronischen Systemen.

Die Wiedergabe von Gebrauchsnamen, Handelsnamen, Warenbezeichnungen usw. in diesem Werk berechtigt auch ohne besondere Kennzeichnung nicht zu der Annahme, dass solche Namen im Sinne der Warenzeichen- und Markenschutz-Gesetzgebung als frei zu betrachten wären und daher von jedermann benutzt werden dürften.

Umschlaggestaltung: KünkelLopka Medienentwicklung, Heidelberg

Gedruckt auf säurefreiem und chlorfrei gebleichtem Papier

ISBN-13:978-3-531-14562-4   e-ISBN-13:978-3-322-80715-1
DOI: 10.1007/978-3-322-80715-1

Inhaltsverzeichnis

		Seite
Vorwort		7
1.	**Europas Außenbeziehungen und die Zukunft der Entwicklungspolitik. Zur Einführung**	9
2.	**Die Gemeinsame Außen- und Sicherheitspolitik - mehr als eine Ambition?**	15
2.1	Kleine Geschichte der GASP	21
3.	**Entwicklungszusammenarbeit: Zu den Perspektiven eines randständigen Politikbereichs**	31
3.1	Der permanente Kompromisscharakter europäischer Südpolitik	39
3.2	Noch immer prägend: Das koloniale Erbe französischer Südpolitik.	48
3.3	Der Osten und der Süden: Die entwicklungspolitischen Folgen der Osterweiterung	56
4.	**Für eine Gemeinsame Außen-, Sicherheits- und Entwicklungspolitik (GASEP): Thesen und Reformvorschläge**	61

Annex

I.	Mandat der Gruppe VII („Außenpolitisches Handeln") des Europäischen Konvents	70
II.	Chronologie europäischer Außenbeziehungen (1950-2008)	71

III.	Öffentliche Entwicklungshilfe der Mitgliedländer des OECD-Ausschusses für Entwicklung (2001-2002)	76
IV.	Öffentliche Entwicklungshilfe der Mitgliedländer des OECD-Ausschusses für Entwicklung (1960-2002)	77
V.	Paradigmengeschichte der internationalen Enwicklungszusammenarbeit (1949-2002)	78
VI.	Erklärung des Rates und der Kommission zur Entwicklungspolitik der Gemeinschaft (Zusammenfassung).	79

Literaturverzeichnis 83

Vorwort

Wer Eichstätt nicht kennt, sollte es kennen lernen. Dem aus der norddeutschen Tiefebene angereisten Besucher erschließt sich der Reiz der ungewohnten Umgebung spätestens ab Nürnberg, wo der ICE gegen einen doppelstöckigen Regionalzug getauscht werden muss. Was folgt, sind belebende Einblicke in die beruhigende Schönheit des Altmühltals und, nach nochmaligem Zugwechsel, das Erstaunen über eine nicht nur architektonisch gelungene Verbindung von Tradition und Moderne.

Vergangenheit und Gegenwart sind in Eichstätt fußläufig verbunden. Kaum hat sich der Neuankömmling mit den ästhetischen (und praktischen) Vorzügen des ehemaligen Residenzstädtchens vertraut gemacht, gibt das Ende der Fußgängerzone den Blick auf einen lichtdurchfluteten Universitätskomplex frei: Gläserne Bibliotheken, Weinstuben jenseits der nouvelle cuisine und eine international vernetzte Universität beeindrucken mit barockem Charme. Wer will, kann hier unter Vorzugsbedingungen Sprachen lernen, um fünf Minuten später, eine Volksbank im Herzen Bayerns links liegen lassend, hölzerne Weihnachtsengel zu erwerben, die an englische Ladies erinnern und Stöckelabsätze tragen. Die Vergangenheit ist hier auf angenehme Weise modern. Wo sonst finden Gastvorlesungen ein aufmerksam interdisziplinäres Publikum, das kritische Anregungen und freundliche Kollegialität mit dem kollektiven Besuch einschlägiger Weinstuben zu verbinden weiß?

Mit anderen Worten: es hat mir gut gefallen in Eichstätt und ich möchte die Gelegenheit nutzen, mich für die mit der Ehre der Berufung verbundenen intellektuellen, menschlichen und kulinarischen Anregungen und Annehmlichkeiten herzlich zu bedanken. Mein besonderer Dank gilt Professor Dr. Klaus Schubert, der als Dekan (und Initiator eines deutsch-französischen Studiengangs) reichlich Gelegenheit zu fach- und frankreichbezogenem Austausch bot. Auch der freundlichen Aufnahme durch die Kollegen Prof. Dr. Karl Graf Ballestrem und Prof. Dr. Joachim Detjen schulde ich Dank, ebenso Frau Gertraud Reinwald, die es zuverlässig vermochte, Verwaltungsvorgängen die Aura des Angenehmen zu verleihen. Es wäre reizvoll, mit ihnen allen darüber nachzudenken, welche Rolle die Universität Eichstätt bei der Wiederbelebung der in Teilen daniederliegenden deutschen Dritte-Welt-Forschung spielen könnte.

Als ich im Sommer 2003 von der ehrenvollen Berufung auf die Otto von Freising-Gastprofessur erfuhr, war meinem Vater - einem den transnationalen Ideen des politischen Nachkriegskatholizismus verpflichteten Machtskeptiker - neben Stolz und Freude auch ein wenig Verwunderung anzumerken. Zwar lagen unsere lebhaften, von generationstypischen Kontroversen begleiteten Diskussionen über "Gott und die Welt" Jahrzehnte zurück, aber nun schienen sie ein auch äußerlich sichtbares Ende gefunden zu haben. Leider war meinem Vater der in Aussicht genommene Besuch in Eichstätt nicht mehr vergönnt. Er verstarb, wenige Stunden nach einem letzten gemeinsamen Spaziergang im Familienkreis, beim morgendlichen Schwimmen in dem von ihm geliebten Altaussee. Ihm sei diese kleine Schrift in Dankbarkeit gewidmet.

Hamburg, im Januar 2005   Stefan Brüne

1. Europas Außenbeziehungen und die Zukunft der Entwicklungspolitik. Zur Einführung

We tend to underestimate change in the longer term and overestimate it in the shorter run.
Gill Ringland

Das Macht- und Beziehungsgefüge der internationalen Beziehungen wird sich in den kommenden Jahrzehnten nachhaltig zugunsten der heutigen Entwicklungs- und Schwellenländer verändern. Die Vereinten Nationen gehen davon aus, dass die Zahl der in heute ärmeren Weltregionen lebenden Menschen - sie liegt bei 4,9 Milliarden - bis zum Jahr 2050 auf 7,7 Milliarden anwachsen wird. Europa muss sich im Zuge dieser Entwicklung auf einen relativen ökonomischen und (welt)politischen Bedeutungsverlust einstellen. War Ende des 19. Jahrhunderts noch jeder vierte Erdenbürger Europäer, so lag der europäische Anteil an der Weltbevölkerung Anfang 2000 bei nur noch dreizehn Prozent. Bis zum Jahr 2050 dürfte er auf sieben Prozent sinken. Auch Europas weltwirtschaftliche Bedeutung nimmt ab. Von der EU-Kommission in Auftrag gegebene Expertisen lassen erwarten, dass sich Europas Beitrag zum Weltbruttosozialprodukt - er liegt heute bei achtzehn Prozent - in den kommenden Jahrzehnten halbieren wird. Die internationale Ordnung des 21. Jahrhunderts wird - politisch, ökonomisch und kulturell - von Staaten wie China und Indien sowie den Wirtschaftsblöcken ASEAN und Mercosur geprägt sein. Auch die relativen Gewichte innerhalb des "Südens" werden sich verschieben. Zwar dürften China und Indien - neben den Vereinigten Staaten, deren Bevölkerung auf 500 Mio. anwachsen könnte - ihren Platz als bevölkerungsreichste Länder behaupten, aber auch ihr kumulierter Anteil an der Weltbevölkerung geht zurück. 2050 wird ein

Viertel der Menschheit in Afrika zu Hause sein. Deutschland wird dann voraussichtlich siebzig Millionen Einwohner haben.

Die sich abzeichnenden Veränderungen relativer Einflusspotentiale konfrontieren das europäische Außen-, Sicherheits- und Entwicklungshandeln mit neuen, bislang kaum systematisch bedachten Anforderungen. Die in Aussicht genommene Gemeinsame Außen- und Sicherheitspolitik (GASP) der Europäischen Union und ihrer Mitgliedstaaten steht vor der Herausforderung, den sich abzeichnenden Entwicklungen konzeptionell und handlungsbezogen Rechnung zu tragen. Selbst wenn man nicht - in der Tradition des 19. Jahrhunderts - davon ausgeht, dass Größe und Zusammensetzung des Volkes zu jenen "Machtwährungen" zählen, die über die Stellung eines Landes in der internationalen Politik entscheiden, so ist doch einleuchtend, dass eine schrumpfende Bevölkerung auch Folgen für die Außenpolitik - und damit für das Machtgefüge der internationalen Beziehungen - haben wird. Der alte Kontinent, dem Kritiker einen Mangel an strategischem Denken attestieren, ist gehalten, sich außen- und südpolitisch neu zu positionieren. Die Staaten der ehemaligen Dritten Welt[1], darunter die 77 der Europäischen Union durch das Cotonou-Abkommen verbundenen AKP-Staaten[2], stehen am Beginn eines folgenreichen Strukturwandels. Bevölkerungswachstum, Urbanisierung, technologischer Fortschritt und ökonomische Globalisierung werden die gesellschaftlichen Strukturen des "Südens" zukunftsweisend verändern und das weltpolitische Gewicht Asiens, Afrikas und Lateinamerikas nachhaltig befördern. In wenigen Jahren werden fünfzig Prozent der Weltbevölkerung in städtischen Agglomerationen leben. Allein in Westafrika wird es dann mehr als dreißig Millionenstädte geben. Die indische Mittelklasse wird auf über 200 Millionen Menschen an-

---

1   Zur Problematik des Begriffs: Joachim Betz/Stefan Brüne, Die Dritte Welt - Zum Herbst eines Begriffs, in dies. (Hg.), Jahrbuch Dritte Welt 2000, München 1999, S. 7-19.
2   Stefan Brüne, Europas Außenbeziehungen und die AKP-Staaten: Das Abkommen von Cotonou. Eine erste Zwischenbilanz, in: NORD-SÜD aktuell 16 (2002) 2, S. 310-314.

wachsen und im lange katholisch geprägten Frankreich könnten schon bald ebenso viele Muslime wie Christen zu Hause sein.

Ein sich vereinigendes Europa, das sein internationales Gestaltungspotential wahren will, steht vor der Herausforderung, den sich abzeichnenden Bedeutungszuwachs bislang weniger entwickelter Regionen strategisch in den Blick nehmen.³ Vergangenheitsbezogene Diskurse über staatliche Souveränitäten und national motivierte Vorbehalte gegen Mehrheitsentscheidungen im Rahmen der GASP erscheinen dabei wenig hilfreich. Es gilt, die außenpolitische Architektur der Europäischen Union und ihrer Mitgliedstaaten in Ansehung ihrer Mittel an neuen, zukunftsfesten Prioritäten auszurichten.⁴ Dabei müssen national verfasste Politiktraditionen - die Vergangenheit als Orientierungssystem für die aktuelle und zukünftige Gestaltung auswärtiger Beziehungen - ebenso in Betracht gezogen werden wie die inhaltlichen und institutionellen Anforderungen europäischer Integration. Vor allem aber bedarf es einer handlungsbindenden Verständigung über das künftige Verhältnis von national und gemeinschaftlich verantworteten Außenbeziehungen sowie regionaler Schwerpunksetzungen. Die vielstimmig geforderte "Kohärenz" europäischen Außenhandelns wird sich nur dann einstellen, wenn es gelingt, innereuropäischen und politikfeldbezogenen Interessens- und Auffassungsgegensätzen eine Richtung zu geben. Darüber, dass ein gemeinsames Auftreten der EU und ihrer Mitgliedstaaten in der Welt von Vorteil wäre, da es einzelnen Staaten immer schwerer fällt, internationale Entwicklungen im Alleingang zu beeinflussen, herrscht weitgehend Einigkeit. Dennoch gestaltet sich die innereuropäische Verständigung über Ziele und Mittel künftigen Außen- und Südhandelns schwierig. Gegenwärtig scheint es wenig realistisch, auf eine zügige Vergemeinschaftung europäischen Außenhandelns zu hoffen. Es waren

---

3   Für regionenbezogene Überblicke siehe. Futurs africains, Afrique 2025. Quels futurs possibles pour l'Afrique au sud du Sahara, Paris 2003. Bruno Kermarec, The EU and the ASEAN. Globalization and Regionalisms in Europe and Asia. Paris 2004. Karl Buck, Hemispheric Strategic Objectives for the Next Decade, in: Lateinamerika Analysen (Juni 2004), S.165-182.
4   Giscard d'Estaing, Les Français. Réflexions sur le destin d'un peuple, Paris 2000.

die Mitgliedstaaten, die die intergouvernementalen Verhandlungen über die künftige europäische Verfassung dominiert haben und es sind die Mitgliedstaaten, die darüber entscheiden, ob, unter welchen Bedingungen und in welchem Umfang außenpolitische Kompetenzen auf die EU übertragen werden. Die EU ist ein in der Entwicklung befindliches politisches Projekt, für das es kein Vorbild gibt und dessen Entwicklung in der Vergangenheit stets auch von einer Veränderung der Institutionen und Entscheidungsvorgänge begleitet war. Kritiker halten sogar dafür, sie habe in der Vergangenheit nicht trotz, sondern wegen ineffizienter Organisation funktioniert.

Die außen- und südpolitische Reformagenda ist komplex. Grundsätzlich lässt sich zwischen "house-keeping issues" (also zwischenstaatlich abgestimmten innereuropäischen Belangen) und Politiken gegenüber Dritten (also außereuropäischen Regionen) unterscheiden. Dabei gilt es, nationalstaatlich geformte Politiktraditionen in kohärentes, qualitativ europäisiertes Außenhandeln zu überführen. Dies wird nicht von heute auf morgen und nicht ohne Widersprüche möglich sein. Länder wie England und Frankreich pflegen andere außenpolitische Traditionen als Deutschland, Polen oder die Niederlande.

All dies betrifft auch die Entwicklungszusammenarbeit. Acht der fünfundzwanzig EU-Mitgliedsländer sind ehemalige Kolonialmächte. Die sich daraus mitunter ergebenden Probleme - Frankreich unterhält enge bilaterale Beziehungen zu mindestens acht diktatorisch regierten subsaharischen Staaten[5] - werden selten offen angesprochen. In den öffentlichen Debatten über die Ziele und Mittel europäischen Entwicklungshandelns dominieren von schnellen Paradigmenwechseln begleitete Auffassungen, die - meist recht allgemein - unstrittige Erfordernisse betonen. Dabei wird den normativen Selbstansprüchen europäischen Handelns häufig der Vorzug vor konkreten (will heißen hinreichend operationalisierten, lokal- und zeitbezogenen) Konstellations- und Interes-

---

5 François-Xavier Verschave, Dictators no more, in: Billets d'Afrique et d'ailleurs ... (Décembre 2003) 120, S.1.

senanalysen gegeben. Es gibt in den einschlägigen Hochglanzbroschüren entwicklungspolitischer Akteure wenig, was Entwicklungszusammenarbeit nicht zu leisten beansprucht. Von Armutsbekämpfung, Konfliktprävention, Friedensarbeit, struktureller Stabilität und globaler Strukturpolitik ist (insbesondere in Deutschland) gerne die Rede.

Kritiker haben dafürgehalten, dass ein von einer Rhetorik der noblen Gesinnung gespeister "do everything approach" auf Dauer Gefahr läuft, die ohnehin brüchige Legitimität des Politikfeldes Entwicklungszusammenarbeit weiter zu schmälern. Wie glaubwürdig kann ein deutsches, ein belgisches oder britisches Entwicklungshilfeministerium, dessen Etatansatz gerade gekürzt wurde, globale Strukturpolitik betreiben? Wie realistisch sind Milleniumsziele, die vorsehen, die weltweite Armut bis zum Jahr 2015 zu halbieren? Die auf staatlicher und nichtstaatlicher Seite verbreitete Versuchung, entwicklungspolitische Zielvorgaben ohne Ansehung realer Umsetzungsmöglichkeiten und unter Ausblendung widersprüchlicher Interessenlagen auf die öffentliche Agenda zu setzen, lässt sich sicher auch als aus der Not geborener Versuch innenpolitischer Legitimationsbeschaffung begreifen. Die so beförderten Glaubwürdigkeitslücken könnten sich allerdings, weiterhin billigend in Kauf genommen, als Bumerang erweisen.[6]

Im Folgenden wird die These vertreten, dass die Außen- und Entwicklungszusammenarbeit der Europäischen Union und ihrer Mitgliedstaaten einer realistischen Neubegründung bedarf. Die Osterweiterung böte einen willkommen Anlass, eine Bestandsaufnahme vorzunehmen, die gegenläufige Interessenlagen - zwischen und innerhalb einzelner Politikfelder und Staaten - offen thematisiert. Diese könnte die Grundlage für zeitlich gestaffelte Stufenpläne bilden, die - unter Einbezug nationaler Denktraditionen und auf Basis konkreter Interessenlagen - die hochfliegenden Erwartungen den operativen Möglichkeiten eines nachgeordneten Politikfeldes anzupassen suchen. Dabei wird es auch darum gehen müssen, sich in die Position anderer hineinzuversetzen und die

---

6 Robert D. Putnam, Diplomacy and Domestic Politics: The Logic of Two-Level Games, in: International Organization 42 (Summer 1988) 3, S. 427-460.

zentralen Anliegen und Agenden nichteuropäischer Akteure zu berücksichtigen. Bis auf Weiteres wird das Verhalten außenpolitischer Akteure (also im wesentlichen der nationalen Eliten) nicht nur von Fakten und Machtpotentialen (also der außenpolitischen Stärke des Gegenübers), sondern auch von kulturgebundenen Wahrnehmungen und Selbstverortungen bestimmt werden - unabhängig davon, ob diese zutreffen oder nicht.

Der frühere belgische Ministerpräsident Leo Tindemans hat bereits Mitte der siebziger Jahre die schrittweise Übertragung einzelstaatlicher Entwicklungshilfemittel auf die Europäische Gemeinschaft gefordert und dabei für den Ausbau entwicklungsbezogener Kooperationsfelder plädiert. Seither sind drei "Entwicklungsdekaden" vergangen. Heute vertritt der entwicklungspolitische Ausschuss des Europäischen Parlaments - über Partei und Ländergrenzen hinweg - die Auffassung, dass sich die Entwicklungszusammenarbeit der Europäischen Union nicht auf die Ergänzung nationaler Politiken beschränken, sondern deren qualitative Europäisierung anstreben sollte. Europa steht vor der Herausforderung, eine strategische Kultur zu entwickeln, die außen-, außenwirtschaftliche, sicherheits- und entwicklungspolitische Perspektiven interessenbezogen integriert. Eine strategisch angelegte, zwischenstaatlich abgestimmte Gemeinsame Außen-, Sicherheits- und Entwicklungspolitik (GASEP) ist überfällig.[7]

---

7 Werner Weidenfeld/Josef Janning, Europas Alternativen, Gestaltungsoptionen für die große EU, in: Internationale Politik 59 (April 2004) 4, S. 9f.

2. Die Gemeinsame Außen- und Sicherheitspolitik - mehr als eine Ambition?

Die Menschen fordern mehr Europa in der Außenpolitik.
Romano Prodi

In den vergangenen zwanzig Jahren war die Europäische Union verstärkt bemüht, ihr handels- und wirtschaftspolitisches Gewicht auch weltpolitisch zur Geltung zu bringen. Der vielfach beklagte "expectation-capability gap"[8] hat zu einer Reihe von Initiativen geführt, die in den Debatten um einen künftigen europäischen Außenminister ihr vorläufiges Ende gefunden haben. Aus integrationstheoretischer Perspektive wäre nach der Schaffung des Binnenmarktes und der Vergemeinschaftung der Währungspolitik die Verlagerung der Zuständigkeit für die Außenpolitik von den Mitgliedstaaten auf die Europäische Union ein folgerichtiger Schritt.

Davon ist die EU indes, wie es scheint, noch weit entfernt. Zwar wurde, um der GASP Gewicht und Sichtbarkeit zu verleihen, das Amt des Hohen Vertreters für die Außen- und Sicherheitspolitik geschaffen und Sonderbeauftragte mit regionaler Zuständigkeit (Gebiet der Großen Seen, den Mittleren Osten, Balkan, Afghanistan) an internationale Brennpunkte entsandt. Auch wurde - ebenfalls als Teil der GASP - die Europäische Sicherheits- und Verteidigungspolitik (ESVP) ins Leben gerufen und eine schnelle Eingreiftruppe eingesetzt, deren militärische Stärke in den kommenden Jahren ausgebaut werden soll. Dennoch scheint es bis zur glaubhaften Realisierung der Absicht, das wirtschaftliche Gewicht der EU in den internationalen Beziehungen auch politisch zur Gel-

---

8 Christopher Hill, The capability-expectations gap, or conceptualizing Europe's international role, in: Journal of Common Market Studies 31 (September 1993) 3, S. 305-328.

tung zu bringen, noch ein weiter Weg. Klagen über Europa als "unidentifiziertes Objekt" (Jacques Delors) und das strapazierte Bild vom wirtschaftlichen Riesen und politischen Zwerg haben handfeste Gründe. Zwar kamen die Europäische Union und ihre Mitgliedstaaten 2001 für 36% des UN-Budgets, 55% der humanitären Hilfe und 57% der weltweit vergebenen öffentlichen Entwicklungshilfe auf. Auch lag der EU-Anteil an den Weltexporten - vor den USA (15,4%) und Japan (8,5%) - bei 18,4% (ohne Binnenhandel). Die fünfzehn EU-Mitgliedstaaten bildeten den größten Wirtschaftsblock der Welt, waren in 120 Staaten mit eigenen Vertretungen präsent und standen mit über dreißig Staaten und Staatengruppen in einem institutionalisierten Dialog. Dennoch gab es in internationalen Organisationen wie der UNO, dem IWF und der WTO keine gemeinsame Außen-Repräsentanz. Durch den im Mai 2004 vollzogenen Beitritt Polens, der Tschechischen Republik, Ungarns, der Slowakischen Republik, Sloweniens, Estlands, Lettlands, Litauens, Maltas und Süd-Zyperns hat sich das politische und ökonomische Potential der Union weiter erhöht.[9] Die Gesamtbevölkerung der EU - die nun 25 Staaten umfasst - ist auf 450 Millionen Menschen angewachsen.

Obwohl der Grundsatz der Gemeinsamen Außen- und Sicherheitspolitik bereits 1992 im Vertrag von Maastricht verankert wurde und sich die Mitgliedstaaten verpflichtet haben, der GASP zum Erfolg zu verhelfen, fällt es ihnen nach wie vor schwer, ihre nationalen Politiken hinsichtlich eines bestimmten Landes oder einer bestimmten Region glaubhaft zu europäisieren.[10] Die GASP

---

9 Da die Ökonomien der Neumitglieder zusammen für nur etwa 5% des Einkommens der Alt-EU stehen, dürften die politischen Wirkungen der Osterweiterung deren ökonomische übersteigen.
10 Für eine profunde Analyse des Widerspruchs zwischen Frankreichs "ehrgeizigem GASP-Diskurs" und den "deutlich vorsichtigeren institutionellen Positionen" siehe Florence Deloche-Gaudez, Frankreichs widersprüchliche Positionen in der Gemeinsamen Außen- und Sicherheitspolitik, in: Gisela Müller-Brandeck-Bocquet (Hrsg.), Europäische Außenpolitik, GASP- und ESVP-Konzeptionen ausgewählter EU-Mitgliedstaaten, Baden-Baden 2002, S. 120-133. Vgl. auch Stefan Brüne/Gaëlle Quillien: Ambitions et réalités de la PESC en Afrique. A travers l'analyse des crises à Madagascar et en Côte d'Ivoire, in: NORD-SÜD aktuell 16 (2002) 4, S. 605-612 sowie: Sven Grimm, Die Afrika-

ist gegenwärtig weder ein eigenständig europäisierter Politikbereich noch ist sie lediglich Ergänzung nationaler Außenpolitiken.[11] Zwar hat sich die EU in jüngster Zeit auf flexiblere Abstimmungsverfahren verständigt (einzelne Regierungen können sich der Stimme enthalten, es kann einer Staatenmehrheit gestattet werden, auf eigene Verantwortung zu handeln), doch in wichtigen außen- und verteidigungspolitischen Fragen wird noch immer Einstimmigkeit verlangt.

Als ungelöstes Kernproblem verbleibt daher auf Sicht die Frage, welche Kompetenzen die EU und ihre Institutionen bei Entscheidungen über Kernfragen des Außen-, Sicherheits- und Entwicklungshandelns erhalten und welche in der Hand der Mitgliedstaaten verbleiben sollen. Das "dynamische Mehrebenensystem" der EU hält bislang am intergouvernementalen Zuschnitt der Gemeinsamen Außen- und Sicherheitspolitik fest. Dies bedeutet konkret, dass außenpolitische Entscheidungen ausschließlich vom Europäischen Rat und Ministerrat getroffen werden und der "europäischen Ebene" Handlungskompetenzen zugewiesen werden müssen: "The trap to be avoided is to expect the EC/EU to behave like a nation state: it is a foreign policy actor, but one that operates within its own specific constraints."[12] Daran wird auch die Verabschiedung der vom Europäischen Konvent vorgelegten Verfassungsvertrags wenig ändern. Zwar verpflichtet dessen Entwurf die Mitgliedstaaten, die Gemeinsame Außen- und Sicherheitspolitik "aktiv und vorbehaltlos im Geiste der Loyalität und der gegenseitigen Solidarität"[13] zu unterstützen, aber zugleich er belässt die Entscheidungsbefugnis in allen wichtigen außenpolitischen Fragen bei

---

politik der Europäischen Union. Europas außenpolitische Rolle in einer randständigen Region, Hamburg 2003 (Hamburger Beiträge zur Afrika-Kunde, 72) und: Janus Tycher, Immer von Europa schwärmen, nur an eigene Wohl denken. Europäische Zweckehe, Frankfurter Allgemeine Zeitung, 25. 04. 2004.

11 Jüngere Pläne, einen europäischen diplomatischen Dienst zu schaffen haben hier ebenso ihren Ursprung. wie Forderungen, die Ausgaben für Außen-, Entwicklungs- und Verteidigungspolitik zu stabilisieren.

12 Martin Holland, The European Common foreign policy: from EPC to CFSP joint action and South Africa, New York 1995, S. 2.

13 Europäischer Konvent, Entwurf - Vertrag über eine Verfassung für Europa, Luxemburg 2003.

den Mitgliedstaaten.[14] Wie unter diesen Bedingungen die Absicht, die Kommission und das Europäische Parlament verstärkt in außen- und militärpolitische Entscheidungsprozesse einzubeziehen, realisiert werden soll, ist im einzelnen unklar.

Die Fortschreibung des europäischen Integrationsprojektes basierte in der Vergangenheit auf einem steten, in Einzelfragen flexibel gehandhabten Ausgleich zwischen den gemeinschaftlichen und zwischenstaatlichen Wesenszügen der Union. Da eine zügige Vergemeinschaftung europäischen Außen- und Sicherheitshandelns nicht zu erwarten steht, ja manches darauf hindeutet, dass die nationalen Regierungen bestrebt sein könnten, ihre zentrale Rolle in der Außen- und Sicherheitspolitik zu Lasten der Kommission auszubauen, hängt Europas außenpolitische Zukunft wesentlich von noch auszuhandelnden institutionellen Arrangements ab. Dies hat - institutionelle Fragen sind auch Machtfragen - bislang zur Folge, dass in den Debatten über die Zukunft eines europäisch abgestimmten Außenhandelns die Entscheidungsverfahren der GASP von größerer Bedeutung scheinen als deren konzeptionelle Grundlagen. Die Erfahrung lehrt, dass grundlegende außenpolitische Differenzen mitunter erst dann sichtbar werden, wenn, wie im Fall des Irakkrieges, Regierungspositionen unvereinbar scheinen oder Einzelstaaten aus Gründen, die nicht notwendig aktuellen Ereignissen zusammenhängen, in fallbezogenen Auffassungsunterschieden nationale Profilierungsmöglichkeiten sehen.[15] Mahnungen, Europa müsse sein "Defizit an strategischem Denken" weiter abbauen und "eine eigene Kultur weltpolitischen Denkens"[16] steht bislang der Befund gegenüber, dass man bei der Suche nach dem Auf- und Ausbau einer europäischen Außenpolitik auf einen grundlegenden Dissens zwischen dem Beharren der Nationalstaaten auf der Priori-

---

14 So wurde beispielsweise die neue französische Nukleardoktrin weder Deutschland nich mit anderen EU-Partnern abgestimmt.
15 Ruth Zimmerling, Externe Einflüsse auf die Integration von Staaten, Freiburg/München 1991. Zwar sind die externen Einflüsse auf die Integration von Staaten überzeugend nachgewiesen worden, aber länderbezogene empirisch-systematische Vergleichsstudien sind nach wie vor rar.
16 Werner Weidenfeld/Josef Janning, Europas Alternativen, Gestaltungsoptionen für die große EU, in: Internationale Politik 59 (2004) 4, S. 9.

tät der jeweiligen Souveränität und der Notwendigkeit, gemeinschaftliche Kompetenzen auch auf außen- und sicherheitspolitischem Gebiet zu erringen, stößt.[17] Dabei ist die entscheidende Frage nicht, ob die Nationalstaaten weiter existieren werden, sondern in welcher Form und mit welchen Funktionen die nationalen Außenpolitiken europäisiert werden können.[18] Eine Steigerung des internationalen Einflusses der EU setzt weitere Transfers aus dem Kernbereich nationaler Souveränität auf europäischen Institutionen und die Akzeptanz des Mehrheitsprinzips bei außenpolitischen Entscheidungsprozessen voraus.

Zugleich gibt es im Europa der Nationalstaaten einen indirekten, Außenbeziehungen prägenden "Kohärenzdruck". Hierzu hat in der Vergangenheit neben den Misserfolgen und Rückschlägen europäischer Integration vor allem die wachsende wechselseitige Abhängigkeit unterschiedlicher Politikfelder (Landwirtschaft, Innenpolitik, Budget, Erweiterung) beigetragen. Letztere erlaubten es beispielsweise Griechenland, in seinem Konflikt mit der Türkei auf einen europäischen Konsens zu verweisen oder ermöglichten es Frankreich - der frühere französische Außenminister Védrine spricht von einer capacité d´entrainement - die europäischen Partner in afrikabezogenen Fragen hinter der eigenen Position zu versammeln.

Die Debatte über die Ziele und Perspektiven eines stimmig europäisierten Außen-, Süd- und Entwicklungshandelns verläuft schleppend. Kaum eine Studie, die die GASP auf der Höhe ihrer Ambition sieht, und in der sich nicht in abgewandelter Form der Satz findet: "Le premier constat au sujet de la politique étrangère

---

17 Exemplarisch für diesen Widerspruch: Dominique Strauss-Kahn, Construire l'Europe Politique, 50 propositions pour l'Europe de demain, Avril 2004. Kahn befindet, Europa sei "trop intergouvernemental", verzichtet aber gleichzeitig darauf, konkrete Vorschläge für ein effizient vergemeinschaftetes Außenhandeln zu unterbreiten.
18 Siegfried Schwarz, Zur Geschichte einer gemeinsamen europäischen Außenpolitik, in: WeltTrends 12 (2004) 42, S. 51-63 und Michael Meimeth/Joachim Schild (Hrsg.): Die Zukunft der Nationalstaaten in der europäischen Integration, Deutsche und französische Perspektiven, Opladen 2002.

et de sécurité de l'Union européenne est celui de sa faillite."[19] Der Befund ist alt, unbefriedigend und unverändert aktuell: Europa wird in absehbarer Zeit keine Außenpolitik haben, die diesen Namen verdient. Alain Lammassoure, ehedem Frankreichs Vertreter im Europäischen Verfassungskonvent, glaubt gar, Europa scheue es, sich die richtigen Fragen zu stellen.[20]

Die den GASP-Prozeß begleitenden Handlungs- und Erkenntnisblockaden sind vielfältig begründet und begründbar. Was aus gesamteuropäischer Sicht als einflusspolitisches Gebot erscheint - die Stärkung der europäischen Rolle in der Welt - kommt aus nationalem Blickwinkel häufig einem Einfluss- und Autonomieverlust gleich. Strategisches Zögern und Euro-Talk sind die Folge. Obwohl die außenpolitischen Ziele der Europäischen Union zunehmend trans- und supranational formuliert werden und die Mitgliedstaaten durchaus bemüht sind, Einfluss auf die Gemeinschaftsinstitutionen auszuüben, entwickeln sich deren Motive und Orientierungspunkte nach wie vor wesentlich aus nationalen Perspektiven. Dabei spielen an einzelstaatlichen Traditionen orientierte Selbstbilder eine ebenso große Rolle wie institutionelle Eigeninteressen (europaweit sind etwa 35 000 Menschen hauptberuflich mit außenpolitischen Problemen befasst) und - mit Blick auf den Süden noch immer wichtig - kolonialhistorisch überkommene bilaterale Sonderinteressen. "Die Gemeinsame Außen- und Sicherheitspolitik (GASP) der EU", befindet das Auswärtige Amts auf seinen Internetseiten, "ist von allen Politikbereichen, mit denen sich die EU befasst, noch am stärksten durch zwischenstaatliche

---

19 Marie-Françoise Durand/Alvaro de Vasconcelos (dir.): La PESC. Ouvrir l'Europe au monde, Paris 1998, S.15. Eine andere Auffassung vertritt Hans Arnold, der die Entwicklung der gemeinsamen Außenpolitik der EU seit Maastricht für "eine ausgesprochene Erfolgsgeschichte" hält, in: Das erweiterte Europa im neuen internationalen System, SEF News (Mai 2002) 14, S. 15.

20 Dies spiegelt sich auch in der wissenschaftlichen Literatur: Die deskriptive GASP-Forschung, die Theoriedebatten in den Internationalen Beziehungen und die Erkenntnisse der Integrationsforschung sind meist nur oberflächlich aufeinander bezogen. Es gibt nur wenige Studien, die die südpolitische Dimension der GASP handlungsnah, anhand von Fallbeispielen und unter Verzicht auf vorschnelle Generalisierungen in empirisch-komparativer Absicht untersuchen.

Elemente geprägt". Für Hannes Farnleitner, ehedem österreichisches Mitglied des Europäischen Verfassungskonvents, Anlas, die "Schaffung effektiver europäischer Strukturen in der Außenpolitik" zu fordern: "Ein gemeinsame Außenpolitik ist für alle Mitgliedstaaten ein schwieriger Sprung über den eigenen Schatten. (...) Die Schwachstellen der Außenbeziehungen sind so unterschiedlich wie die Außendimension vielfältig."[21]

2.1 Kleine Geschichte der GASP

Das Gedächtnis ist kommunikativ oder gar nicht.
Harald Welzer

Der Wunsch, Europa möge außenpolitisch mit einer Stimme sprechen, ist so alt wie der Prozess der Europäischen Integration selbst. Dabei spielten neben zukunfts- und machtbezogenen Überlegungen - auch die großen europäischen Länder sind auf der weltpolitischen Bühne nur mittelgroß - historische Beweggründe eine zentrale Rolle. Nach den Erfahrungen zweier Weltkriege ging es auch um eine Verständigung darüber, was Europa nicht sein sollte. Rückblickend lassen sich Nachkriegsaußenpolitiken der Gründungsmitglieder der Europäischen Wirtschaftsgemeinschaft (EWG)[22] als Versuch beschreiben, neuen innereuropäischen Kriegen vorzubeugen. An die Stelle von Krieg und Machtpolitik sollte die Vision eines geeinten Europa treten. Dabei war die in den universalistischen Traditionen des politischen Katholizismus wurzelnde Hoffnung, nationalstaatliche Machtpolitiken seien am besten durch eine christlich-europäische Orientierung zu überwinden, von identitätsprägender und gemeinschaftsstiftender Bedeutung. Die Gründerväter Europas - der britische Historiker Alan Milward spricht von den "europäischen Heiligen" - sahen sich durch ihre biographischen

---

21 Hannes Farnleitner, Der europäischer Konvent, Das Sekretariat, Mandat der Gruppe VII (Außenpolitisches Handeln), CONV 206/02.
22 Belgien, Bundesrepublik Deutschland, Frankreich, Italien, Luxemburg, Niederlande.

Erfahrungen in der Überzeugung bestärkt, der Nationalstaat dürfe nicht länger der wesentliche Bezugspunkt von Politik sein.[23] An seine Stelle sollten europäische, staatenübergreifenden Überzeugungen und Institutionen treten.[24]

Politisch wirksam wurden diese Vorstellungen nicht. Zwar unterbreitete der französische Außenminister Robert Schuman am 9. Mai 1950 den mit dem Verzicht auf nationale Souveränitätsrechte verbundenen Vorschlag, die Gesamtheit der französisch-deutschen Stahl- und Kohleproduktion unter die Aufsicht einer supranationalen Behörde zu stellen, die auch anderen europäischen Ländern zum Beitritt offen stehen sollte. Aber die daran geknüpfte Hoffnung, den Grundstein für eine alle Politikfelder umfassende europäische Föderation gelegt zu haben, erwies sich als unrealistisch. Nachdem der Versuch, eine Europäische Verteidigungsgemeinschaft (EVG) zu schaffen, 1954 am Veto der französischen Nationalversammlung gescheitert war und Pläne für eine Europäische Politische Gemeinschaft (EPG) auf Eis lagen[25], rückten wirtschaftspolitische Überlegungen ins Zentrum der europäischen Integrationsbemühungen. Anders als die föderalistischen Vertreter der frühen Europabewegung, die in einem einzigen Schritt eine europäischen Bundesstaat schaffen wollten, setzte Jean Monnet ("Europa lässt sich nicht mit einem Schlag herstellen und auch nicht durch einfache Zusammenfassung: es wird durch konkrete Tatsachen entstehen, die zunächst eine Solidarität der Tat schaf-

---

23 Édouard Bonnefous, La construction de l'Europe par l'un de ses initiateurs, Paris 2002.
24 Der Tübinger Historiker Dieter Langewiesche hat in diesem Zusammenhang gefragt, welche historischen Traditionen sichtbar werden, "wenn die Fixierung auf die kurze Lebenszeit des Nationalstaates" verlassen wird?" Er kommt zu dem Ergebnis, daß alle modernen Nationen historischen Traditionen und Gründungsmythen zuneigen, die das Neue als Vollendung oder Wiederkehr des Alten ausweist. "Erfindung von Tradition ist kein unverbindliches Spiel. Es ist ein Machtkampf, der Zukunftsoptionen festlegen will, indem über Vergangenheitsbilder entschieden wird.", in: Frankfurter Allgemeine Zeitung, 12.12. 2000.
25 Wilfried Loth, Der Weg nach Europa, Göttingen 1990, S. 91-112. Für wertvolle Hintergrundinformationen, die französische Atompolitik betreffend, siehe: André Bendjebbar, Histoire secrète de la bombe atomique française, Paris 2000.

fen") auf die funktionalen Zwänge eines sich durch "spill over"-Effekte vergemeinschaftenden, sich also in Teilen verselbständigenden europäischen Einigungsprozesses. Die nationalen Eliten sollten durch "Gewöhnung" an das europäische Projekt gebunden werden. Klare Zielvorstellungen waren dabei eher hinderlich, da sie politische Handlungsspielräume einzuschränken drohten.

Von diesen, hier nur kursorisch skizzierbaren Entwicklungen waren die Außenbeziehungen nur am Rande betroffen. Der Beginn institutionalisierter außenpolitischer Zusammenarbeit unter EG-Staaten datiert vom Oktober 1970, als auf Basis des Luxemburger Berichts die Europäische Politische Zusammenarbeit (EPZ) auf den Weg gebracht wurde.[26] Diese sah allerdings, anders als ursprünglich erhofft, für den Bereich der Außenpolitik allerdings nur vage formalisierte intergouvernementale Abstimmungsprozesse (gemeinsame Erklärungen, aber keine gemeinsamen Aktionen) vor.[27] Es handelte sich um lediglich politisch bindende Vereinbarungen, an die sich Nachfolgeregierungen allerdings in der Regel gebunden fühlten. Widerstreitende Interessenlagen wurden ausgeklammert, Beschlüsse mussten einstimmig gefasst werden.

Erst durch 1986 unterzeichnete Einheitliche Europäische Akte (EEA) erhielt das europäische Außenpolitikregime, das bis dahin auf im Einzelfall leicht zu negierenden Absprachen und allgemeinen Absichtserklärungen beruht hatte, Vertragsrang. Am 1. November 1993 trat der Vertrag von Maastricht in Kraft. Seither firmiert die 1992 im Vertrag über die Europäische Union grundgelegte Gemeinsame Außen- und Sicherheitspolitik (GASP) als offizielles europäisches Vertragsziel. Die EU verfügt nun über die Möglichkeit, Standpunkte, wichtige internationale Fragen betreffend, rechtlich bindend zum Ausdruck zu bringen. In Artikel 30

---

26 Luxemburger Bericht: Erster Bericht der Außenminister an die Staats- Regierungschefs der EG-Mitgliedstaaten vom 27. Oktober 1970, in: Auswärtiges Amt (Hg.), Gemeinsame Außen- und Sicherheitspolitik der Europäischen Union (GASP), Bonn 1992, S. 30-37.
27 Bereits der 1962 zwischen der Bundesrepublik Deutschland und der Französischen Republik geschlossene Elysée-Vertrag hatte regelmäßige Konsultationen "vor jeder Entscheidung in allen wichtigen Fragen der Außenpolitik" vorgesehen.

verpflichten sich Mitgliedstaaten, "Maßnahmen oder Stellungnahmen zu vermeiden, die ihrer Wirksamkeit als kohärente Kraft in den internationalen Beziehungen oder in internationalen Organisationen schaden würden".

Die Steuerung und Fortentwicklung der GASP obliegt dem "Rat für allgemeine Angelegenheiten", der in monatlichen Treffen die Außenminister der Mitgliedstaaten versammelt. Die einer Ratsentscheidung zugrundeliegenden innereuropäischen Abstimmungen erfolgen in den Sitzungen der für die GASP zuständigen Botschaftsräte an den Ständigen Vertretungen der Mitgliedstaaten in Brüssel sowie in den Sitzungen des Politischen und Sicherheitspolitischen Komitees (PSK). Dem gegenseitigen Informationsaustausch dient ein COREU (CORrespondance EUropéene) genanntes Informationsnetz, das eine laufende Abstimmung zu aktuellen Fragen ermöglicht.[28]

Die GASP verfügt im wesentlichen über drei, im Vertrag von Amsterdam festgeschriebene Möglichkeiten zu gemeinsamen Aktionen und Stellungnahmen. Bei den Gemeinsamen Standpunkten handelt es sich um ein verbindliches Konzept der Union zu bestimmten Frage geographischer oder thematischer Art, wobei die Mitgliedstaaten gehalten sind, Sorge dafür zu tragen, dass ihre einzelstaatlichen Politiken mit den Gemeinsamen Standpunkten in Einklang stehen. Die Annahme Gemeinsamer Standpunkte erfolgt einstimmig. Im Unterschied dazu werden Gemeinsame Aktionen beschlossen, wenn die Union außenpolitisch operativ tätig werden will (Entsendung von Wahlbeobachtern, Verhängung von Sanktionen etc.). Auch hier fallen die Entscheidungen einstimmig, wobei Ziele, Mittel und gegebenenfalls Zeiträume zu nennen sind. Darüber hinaus gibt es Gemeinsame Strategien. Diese verfolgen, auf der Basis eines EU-internen Rechtsaktes, das Ziel, die Mitgliedstaaten in ihren Politiken auf eine gemeinsame Linie zu verpflichten und dadurch zu erhöhter Kohärenz beizutragen.[29] Die Gemeinsamen Strategien stellen ein umfassendes, regionen- und/oder the-

---

28 Einzelheiten unter >http://www.eu.int.<
29 Bislang liegen Gemeinsame Strategien zu Russland, der Ukraine und der Mittelmeerregion vor.

menbezogenes Handlungskonzept dar. Sie werden einstimmig durch den Europäischen Rat, also die Staats- und Regierungschefs der Mitgliedstaaten, die sich in der Regel viermal jährlich treffen, beschlossen. Ihre Umsetzung wird durch eine Reihe konkreter Maßnahmen verbindlich festgeschrieben. Darüber hinaus gibt die Europäische Union regelmäßig Erklärungen ab, in denen sie eine Wertung aktueller politischer Ereignisse vornimmt, die die Mitgliedstaaten politisch binden sollen und denen sich die assoziierten Staaten (ebenso wie den Gemeinsamen Standpunkten oder Aktionen) anschließen können.

Als weiterer wichtiger Schritt auf dem Weg zu einer qualitativ europäisierten Außenpolitik kann die Schaffung des Amtes eines Hohen Vertreters für die GASP (Art. 26 EUV) gelten. Das Amt nimmt seit dem 18. Oktober 1999 der für fünf Jahre ernannte Spanier Javier Solana wahr. Er soll als "Mr. GASP" über die halbjährlich wechselnden Präsidentschaften hinweg für Kohärenz und Sichtbarkeit sorgen. Seiner Unterstützung dient die im Ratssekretariat angesiedelte Strategieplanungs- und Frühwarneinheit, die regelmäßig außen- und sicherheitspolitische Analysen aus allem GASP-relevanten Bereichen erarbeitet.

Obgleich sich die Verbindlichkeit unterschiedlicher Konsultations- und Kooperationsformen in den vergangenen Jahren stetig erhöht hat, bleibt festzuhalten, dass diese bislang nur eine indirekt verbesserte Kohärenz intergouvernementalen Handelns - und nicht eine direkte Verbesserung außenpolitischer Zusammenarbeit - zum Ziel haben. Zwar besteht ein allgemeines Einvernehmen über die Notwendigkeit, Sensibilität für künftige Akteurskonstellationen und Problemlagen zu zeigen und die Beziehungsfelder Wirtschaft und Handel, Entwicklung und Zusammenarbeit, Außenpolitik und Sicherheitsvorsorge aufeinander abzustimmen, aber eine hinreichend ergebnisbezogene Debatte über die konzeptionellen Grundlagen künftigen europäischen Außenhandelns steht noch aus. Insbesondere die ehemaligen Kolonialgroßmächte Frankreich und Großbritannien tun sich schwer, ihre kolonial geprägten Süd- und Nebenaußenpolitiken in ein effizient vergemeinschaftetes europäischen Außenhandeln zu überführen. Am zwischenstaatlichen Charakter der GASP, darin sind sich die meisten Beobachter einig, wird sich kurz- und mittelfristig nichts wesentliches ändern lassen. Realitätsbezogene Analysen müssen daher das Primat nationalstaatlicher Perspektiven als maßgebliche Determinante und Rahmenbedingung der GASP bis auf weiteres in Rechnung stellen.

Das bedeutet auch, dass die damit aus gesamteuropäischer Perspektive verbundenen Widersprüche auf Sicht fortbestehen werden. Nadja Kein und Wolfgang Wessels haben kürzlich daran erinnert, dass das "grundsätzliche Dilemma der GASP-Konstruktion" darin besteht, dass "die Mitgliedstaaten zwar ein höheres Gewicht Europas im internationalen System anstreben, aber gleichzeitig nicht bereit sind, dafür eigene Vorrechte einzuschränken oder aufzuheben."[30] Bislang verfolgten Europas außenpolitische Regierungsakteure das Ziel einer kohärenten Außenpolitik, ohne die dafür nötigen politischen und institutionellen Voraussetzungen schaffen zu wollen (oder zu können). Einer aus gesamteuropäischer Sicht wünschenswerten Vergemeinschaftung der Außenpolitiken stehen massive Souveränitätsvorbehalte der Nationalstaaten gegenüber. Richteten sich diese an einer effizienzmaximierenden Logik aus, dann müssten sich politische Kompetenzen eindeutig einer politischen Ebene (subnational - national - supranational) zuordnen lassen. Das ist nicht der Fall. Im gerne als dynamisch bezeichneten politischen Mehrebenensystem der EU sind Zuständigkeiten nicht klar zugewiesen sind. Dies führt zu beträchtlichen Entscheidungsproblemen und begünstigt, insbesondere bei Tätigkeitsfeldern mit ergänzender Zuständigkeit (die Entwicklungszusammenarbeit gehört dazu), die Neigung, schwierige Entscheidungen auf andere Ebenen abzuschieben ("blame avoidance"-Strategien).[31]

Unabhängig davon, welcher der in der Literatur vorfindlichen GASP-Einschätzung man zuneigt (existence denied - does

---

30 Nadia Klein/Wolfgang Wessels, Eine Stimme, zwei Hüte - viele Pioniere? Die Gemeinsame Außen- und Sicherheitspolitik nach dem EU-Konvent, in: Welt-Trends 12 (2004) 42, S. 11-26.
31 Martin Sebaldt, Parlamentarismus im Zeitalter der Europäischen Integration. Zur Logik und Dynamik politischer Entscheidungsfindungsprozesse im demokratischen Mehrebenensystem der EU, Opladen 2002, S. 44f.

exist but failure - look how big we are [32]), in Anbetracht der bevorstehenden Veränderungen des weltpolitischen Beziehungsgefüges scheint das Festhalten am Konsensprinzip bei außen- und sicherheitspolitischen Entscheidungen der EU nur noch begrenzt funktional. Joschka Fischer hat in seiner Rede an der Berliner Humboldt-Universität Rede erklärt, es sei "ein nicht wiedergutzumachender Konstruktionsfehler, wenn man die Vollendung der politischen Integration gegen die vorhandenen nationalen Institutionen und Traditionen und nicht unter deren Einbeziehung versuchen würde. (...) Die Vollendung der europäischen Integration lässt sich nur erfolgreich denken, wenn dies auf der Grundlage einer Souveränitätsteilung von Europa und Nationalstaat geschieht.[33] So einsichtig dieses Diktum aus realpolitischer Perspektive scheint - die europäischen Nationalstaaten sind bis auf weiteres rechtliche und politische Einheiten innerhalb der organisatorischen Struktur der Union - so wenig sollte es darüber hinwegtäuschen, dass das fortgesetzte Beharren auf der Methode Monnet - also der funktional orientierten Integration ohne Zielvorgabe - außen-, sicherheits- und entwicklungspolitisch in eine Sackgasse zu führen droht. Die habituell überkommene Neigung, weitere Integrationsschritte durch taktisches Schweigen über deren Ziel zu erreichen, war europapolitisch nur so lange hilfreich, wie fundamentale Meinungsverschiedenheiten im Rahmen einer pragmatischen Kompromisskultur ausgeklammert werden konnten. Diese hatte zwar den Vorteil, die Unausweichlichkeit der in der Integration angelegten Überwindung des Nationalstaates nicht öffentlich thematisieren müssen, war aber gleichzeitig mit erheblichen Legitimationsproblemen verbunden.

Auch aus süd- und entwicklungspolitischer Perspektive macht es Sinn, die Methode Monnet zu überdenken. Das rhetorische Beharren auf einer europäische Identität würde einen überzeugenderen Realitätsbezug erhalten, wenn es gelänge - die Ressortgrenzen zwischen Außen-, Sicherheits- und Entwicklungspolitik werden zunehmend obsolet - eine außenpolitische Doktrin, zu

---

32 Knud Erik Jørgensen: Three Doctrines on European Foreign Policy, in: WeltTrends 12 (2004) 42, S. 27-36.
33 Zitiert in: Dietmar Herz, Die Europäische Union, München 2002, S. 127f.

entwerfen, die "demokratische Werte und nationale Interessen" gleichermaßen verfolgt.³⁴ Dies kann nicht von heute auf morgen, nicht flächendeckend und nur unter Inkaufnahme von widersprüchlichen, aber dennoch machtpolitisch klugen Kompromissen gelingen. Diese müssten sich an den lokalen Kontexten des Südens ausrichten und zugleich auf europäische Machtpotentiale bezogen sein. Die Diskussion um die Zukunft eines außen-, sicherheits- und entwicklungspolitisch vereinten Europa erfolgt noch zu häufig in Denkkorridoren. Nicht der allgemeine Verweis auf unstrittige Ziele und Werte (Armutsbekämpfung, Demokratisierung etc.), sondern eine interessen- und mittelabhängig operationalisierte Kohärenzagenda wäre wünschenswert.

Diese hätte ihrerseits die öffentliche Thematisierung und Analyse innereuropäischer Auffassungs-, Traditions- und Interessengegensätze zur Voraussetzung.³⁵ Sie hätte zudem den Vorteil des Eingeständnisses, dass es die in einschlägigen Vertragspräambeln gerne imaginierte entwicklungspolitische Europäische Gemeinschaft bislang nur in Ansätzen gibt. Das in den fünfziger und sechziger Jahren im Kontext der Entkolonialisierung und des Ost-West-Konfliktes entstandene Politikfeld Entwicklungszusammenarbeit lebte lange von eingängig formulierten Zielvorstellungen, wobei es einzelne Akteure geschickt verstanden, ihr europäisch (mit)finanziertes Kolonialerbe zukunftsweisend umzudeuten: "French interests in its former colonies, British interests in the Commonwealth, Spanish and Portuguese interests in Latin America

---

34 Henry A. Kissinger, Welt am Sonntag, 11.04.2004. Für eine überzeugende Problematisierung des Begriffs "nationales Interesse", verbunden mit dem Vorschlag, ihn durch die "außenpolitisches Gemeinwohl" zu ersetzen, siehe Hanns W. Maull, Die schleichende Krise der deutschen Außenpolitik: Plädoyer für eine Remedur, http://www.deutscheaussenpolitik.de/resources/dossiers/dossier_dlf.php?go=start.

35 So akzentuiert - um nur ein Beispiel zu nennen- etwa Berlin deutlicher als Paris den" präventiven" Charakter seiner Südpolitik, was der deutschen "Zivilmachttradition" entspricht. Umgekehrt wird der Begriff Prävention auf französischer Seite stäker militärisch, etwa im Sinne verbesserter Aufklärung interpretiert. Siehe auch: Christian Hacke, Die Außenpolitik der Bundesrepublik Deutschland, Von Konrad Adenauer bis Gerhard Schröder, Frankfurt/M. 2003, S. 5ff.

and French and Spanish interests in the Mediterranean all contribute to the aid agenda of the EU. It is not unexpected, therefore, that conflicts arise within the scope of foreign, security, commercial, and development policies of the EU, generating political and economic biases for European aid giving."[36]

Eine analytische Befassung mit der Zukunft europäischer Außen- und Südbeziehungen macht nur dann Sinn, wenn sie handlungsnah gerät, an Fallbeispielen arbeitet und auf vorschnelle Generalisierungen verzichtet. Dabei steht die Europäische Union steht vor der Herausforderung, historische Erfahrungen, nationalstaatliche Interessen, integrationspolitische Anforderungen und normative Orientierungen handlungsbezogen zusammenzuführen. Gelingt dies nicht, könnte die von Peter Molt kritisierte Neigung, Entwicklungszusammenarbeit für kurzfristige politischer Ziele zu instrumentalisieren, ungewollt zu deren Ende beitragen.[37]

---

36 Mak Arvin /Joshua Price/Bruce Cater: Are There Country Size and Middle-Income Biases in the Provisions of EC Multilateral Foreign Aid?. In: The Journal of Development Research 13 (2001) 2, S. 49-57.
37 "Man darf anderslautenden Erklärungen kein zu großes Gewicht beimessen. Sie sind eher das Ergebnis eines hohen Grades der Institutionalisierung und Bürokratisierung internationaler und nationaler Entwicklungsorganisationen als ihrer Wirksamkeit bei der Umsetzung der proklamierten Ziele." Peter Molt, Ein neuer Realismus in der Entwicklungspolitik, in: Internationale Politik, 57 (2002) 4, S. 64. Siehe auch: Joachim Betz, Die Entwicklungspolitik der rot-grünen Bundesregierung, in: Das Parlament B 18-18 (2001), S. 30-38.

30

3. Entwicklungszusammenarbeit: Zu den Perspektiven eines randständigen Politikbereichs

*Politik wird nicht nach ihren Absichten,
sondern nach ihren Resultaten beurteilt.*
Tzvetan Todorocv

„Entscheidender als je zuvor stellt sich heute die Frage der Entwicklung. In den afrikanischen Ländern südlich der Sahara und in Südasien leben noch immer mehr als 40% der Bevölkerung unter der Armutsgrenze. 800 Millionen Menschen - darunter 200 Millionen Kinder - leiden unter chronischer Fehlernährung. In den 48 am wenigsten entwickelten Ländern liegt die Beschulungsquote bei nur 35%. Die weitverbreiteten übertragbaren Krankheiten wie HIV/AIDS, Sumpffieber und Tuberkulose treffen die armen Bevölkerungsgruppen in den Entwicklungsländern in unverhältnismäßig großem Ausmaß. Die Globalisierung, die ihren Niederschlag insbesondere in einem ständigen Anwachsen der Handelsströme und der Privatinvestitionen findet, bietet zwar Möglichkeiten, doch birgt sie auch Marginalisierungsrisiken in sich. Durch die Schuldenlast wird den Entwicklungsländern oftmals jeder Handlungsspielraum genommen. Die wachsende Ungleichheit beweist, dass Wachstum und bestimmte Formen der Hilfe nicht immer ausreichen, um dieser Lage abzuhelfen. Armut und die damit einhergehende Ausgrenzung sind die Hauptursachen für Konflikte und gefährden die Stabilität und Sicherheit zu vieler Länder und Regionen."[1]

Ein Großteil der entwicklungsbezogenen Literatur - hier ein Auszug aus der Erklärung des Rates und der Kommission zur Entwicklungspolitik der Europäischen Gemeinschaft vom November 2000 - müht sich um die Auflistung unstrittiger Erfordernisse. Trotz einer eher durchwachsenen Wirkungsbilanz erfreuen sich die allgemeinen Anliegen und Ziele europäischer Entwicklungszu-

---

1 Rat der Europäischen Union: Erklärung des Rates und der Kommission zur Entwicklungspolitik der Europäischen Gemeinschaft, Brüssel (16.11.2000). Für den vollständigen Text der Zusammenfassung der Erklärung siehe Anhang VI, Erklärung des Rats und der Kommission zur Entwicklungspolitik der Gemeinschaft.

sammenarbeit hoher öffentlicher Wertschätzung. Zwar zeigen sich die meisten EU-Bürger über das Entwicklungshandeln der eigenen Staatengemeinschaft deutlich schlechter informiert als über vergleichbare Aktivitäten der Vereinten Nationen, aber bei von der EU-Kommission in Auftrag gegebenen Umfragen sprechen sich regelmäßig über achtzig Prozent der Befragten für eine für die Beibehaltung öffentlicher Entwicklungshilfe aus.[2] Am verbreitetsten sind Auffassungen, die Entwicklungshilfe als Gemeinwohlerfordernis begreifen. Entwicklungspolitik ist aus dieser Sicht eine einseitige, historisch oder sozialpolitisch begründete Pflichtenbeziehung der reichen Industrieländer gegenüber ärmeren Staaten - eine Art internationaler Solidarbeziehung, die von geopolitischen, außenwirtschaftlichen oder anderen Interessen mit dem Ziel absieht, einen Wohlstandsausgleich zwischen Völkern in bitterer Not und jenem in relativem Wohlstand herbeizuführen.[3]

Gemessen an den Interessen und konkreten Handlungsspielräumen entwicklungspolitischer Institutionen und Akteure nehmen sich die verantwortungsethisch grundierten Erwartungen europäischer Wahlbürger vergleichsweise realitätsfremd aus. Während in den Selbstzeugnissen maßgeblicher Akteure Politikfeldbegründungen dominieren, die durch Auflistung unstrittiger Ziele („Konsens der noblen Gesinnung") zur öffentlichen Legitimation des nachrangigen Politikfeldes beizutragen suchen, kommen empirische Untersuchungen zu dem Ergebnis, daß sich die Vergabepraxis wichtiger europäischer Geber in der Regel nur interessen- und konstellationsbezogen an entwicklungspolitischen Bedarfen ausrichtet: „Currently EU aid is only to a very limited extent allocated according to needs and merits. .... A change in the criteria for EU aid would change the allocation considerably as it is currently only to a limited extent allocated to performance and even less to

---

[2] Erhebliche Wissenslücken gibt es insbesondere hinsichtlich der als „überkomplex" empfundenen Gesamtheit entwicklungsbezogener Verfahrens- und Entscheidungsfindungsprozesse.

[3] Europäische Kommission, Jahresbericht 2001 über die Entwicklungspolitik der EG und die Umsetzung der Außenhilfe, Luxemburg 2002 und Stefan Brüne, Europas Entwicklungspolitiken. Anspruch, Zielkonflikte, Interessen, in: Aus Politik und Zeitgeschichte B29/95 (14. Juli 1995), S. 30-39.

needs."[4] Die institutionellen Arrangements der Finanzierung und Entscheidungsfindung auf nationaler und europäischer Ebene stehen in einem offensichtlichen Spannungsverhältnis zu öffentlich proklamierten Zielen und den operativen Möglichkeiten eines fragmentierten Politikfeldes, das zudem gerne für kurzfristige Tagesbedarfe in Anspruch genommenen wird.

All dies ist kein prinzipieller Makel. Entwicklungshilfe ist - allen gegenteiligen Beteuerungen zum Trotz - kein öffentliches internationales Gut und kann äußerst unterschiedlich - ökonomisch, außen- und sicherheitspolitisch und/ humanitär-karitativ - motiviert und begründet sein. Gewichtiger scheint der Einwand, daß die öffentlichen Politikfeldbegründungen häufig keine Widersprüche und Prioritäten erkennen lassen (William Easterly: "In aid agencies there are no second priorities and there are no conflicts between competing goals"[5]), selbstgesetzte Ziele häufig nicht glaubhaft operationalisiert sind und neben widersinnigen bürokra-

---

4 Susanna Wolf/Dominik Spoden, Allocation of EU Aid towards ACP-Countries, No. 22, ZEF-Discussion Papers on Development Policy, Bonn 2000, S. 30. Dies gilt auch und insbesondere für die entwicklungspolitische begründete Demokratisierungsförderung. Hier vermochte Crawford zu zeigen, dass es keine empirische Evidenz für einen Zusammenhang zwischen dem Umfang und Ausmaß von Menschenrechtsverletzungen und EU-Sanktionen gibt. Die europäischen Reaktionen waren dort erkennbar zögerlicher und ambivalenter, wo maßgebliche ökonomische und politische Eigeninteressen auf dem Spiel standen. So zählten etwa Indonesien, Sri Lanka, Algerien, Ägypten und Kolumbien zu den Ländern, in denen in den EU trotz schwerwiegender Menschenrechtsverletzungen und Demokratiedefizite keine Sanktionen verhängte. Von der Tendenz lässt sich sagen, dass die Förderung der Menschenrechte und und Demokratisierung im Konflikt mit anderen außenpolitischen Zielen und Interessen standen. Der frühere französische Außenminister Hubert Védrine hat dies in provozierender Offenheit eingestanden, als er mit Blick auf Afghanistan bemerkte, ihm seien dort überhaupt keine Demokraten bekannt. Europas Demokratieförderung, so resümiert Crawford, sei „at best partial and dependent on the lack of competing self-interests". Gordon Crawford, Human Rights and Democracy in EU Development Co-operation: Towards Fair and Equal Treatment, in: Marjorie Lister (ed.): European Union Development Policy, Boulder 1998, S. 156.
5 William Easterly, The cartel of good intentions. Foreign aid bureaucracy, in: Foreign Policy (2002) 131, S. 40-50. Zur Begründungsgeschichte internationaler Entwicklungszusammenarbeit siehe auch Anhang V, Paradigmen der internationalen Entwicklungszusammenarbeit.

tischen Routinen[6] innenpolitische Kalküle auf Geberseite eine wichtige Rolle spielen. Kritiker aus Politik und Wissenschaft haben daher in jüngster Zeit vermehrt dafür plädiert, das Ziel „Entwicklung" durch „differenzierte, den Tatsachen entsprechende Begriffe zu ersetzen" und durch den Verzicht auf hochgesteckte Globalziele neue Glaubwürdigkeit zu gewinnen.[7]

Wenn im folgenden der Vorschlag unterbreitet wird, Entwicklungspolitik in einem integrierten Ansatz zu einem wichtigen Element europäischer Außenpolitik aufzuwerten (nur so scheint es möglich, dem randständigen Politikbereich das notwendige Gewicht zu verschaffen), dann hat dies, auf Basis einer realistischen Bestandsaufnahme, grundlegende Reformen zur Voraussetzung. In dem jüngst veröffenlichten Bericht des House of Lords heißt es dazu: „As for coherence between the EU's development and other policies, there is still a wide gap between the principle and the actuality".[8]

---

6   DAC und UNDP-Angaben zufolge werden gegenwärtig in Asien, Afrika und Lateinamerika jährlich mehr als 60 000 bi- und multilaterale Entwicklungsprojekte durchgeführt. Konservativen Schätzungen zufolge machen in einem typischen afrikanischen Land 600 Entwicklungsprojekte jährlich 2400 Vierteljahresberichte und über tausend Evaluierungsmissionen erforderlich. In Mosambik sah sich die Regierung im vergangenen Jahr 840 neuen Projekten der 49 internationalen Hilfsorganisationen gegenüber. William Easterly spricht von einem „Kartell der guten Intentionen". Er verweist zudem darauf, dass Entwicklungshilfeorganisation die unterentwickelten Regierungsbürokratien der Partnerländer in der Regel drängen, sich bei der Projektabwicklung den administrativen Vorgaben der jeweiligen Geberorganisation zu unterwerfen. Jede dieser Organisationen bilde ein Minimonopol. Geber und Nehmen haben daher in jüngster Zeit das Thema „Donor Harmonization" auf die internationale Agenda gesetzt. Ziel ist es, die mit der Entwicklungspolitik verbundenen Transaktionskosten zu reduzieren und eine bedarfsangemesse regionale und sektorale Verteilung der Mittel und Aktivitäten zu gewährleisten. Eine von OECD eingesetzte „DAC Force on Donor Practices" hat zur Aufgabe, Vorschläge zur Harmonisierung der Geberpraktiken multilateraler Geber zu erarbeiten.
7   Volkmar Köhler, Wohlklingende Globalziele statt Realismus - Zur Glaubwürdigkeitslücke der gegenwärtigen deutschen Afrikapolitik, Wolfsburg 2001, S. 5 (unveröff. Manuskript). Für eine streitbare, bewusst polemische Kritik siehe Jürgen H. Wolff, Entwicklungshilfe - das hilfreiche Gewerbe. Versuch einer Bilanz. Münster 2004 (i.E.).
8   House of Lords/The European Union Committee, EU Development Aid in Transition. Report with Evidence. London 2004 (12th Report of Session 2003-04), S. 19.

Wenn man davon ausgeht, daß die Entwicklungszusammenarbeit dem außenpolitischen Gemeinwohl des Kontinents dienen und die europäische Integration dort ausgebaut werden sollte, wo gemeinsames Handeln sinnvoll ist (Tony Blair), dann bietet sich die Zusammenarbeit mit den Entwicklungsländern an. Diese bietet nicht nur gute Voraussetzung für eine „emotionale Vergemeinschaftung" (Max Weber), sie liegt auch politisch und funktionslogisch nahe. Dabei ist das dem Vertrag von Maastricht zugrundeliegende Subsidiaritätsprinzips daß die Entwicklungspolitik der Gemeinschaft als „Ergänzung der entsprechenden Politiken der Mitgliedstaaten" begreift, - zumal nach der Osterweiterung - weniger hilfreich denn je. Es verkennt, daß national administrierte Entwicklungspolitiken, sieht man von der möglichen Ausnahme bilateraler Sonderbeziehungen zu ehemaligen Kolonien ab, aus eigener Kraft kaum noch über nennenswerte Gestaltungsspielräume verfügen und weniger staatliche Souveränität in Europa zu mehr souveräner Handlungsfähigkeit in der Welt führen würde. Innereuropäische Reformen, die Abschaffung nationaler Entwicklungsadministrationen mit zukunftsweisenden Konzepten für ein qualitativ europäisiertes Südhandeln verbinden, erscheinen überfällig. Wenn es heute darum gehen könnte, eine zukunftsorientierte, von administrativen Routinen, benevolenter Rhetorik und historischen Lasten befreite europäische Entwicklungs- und Südpolitik zu entwerfen, sie würde kaum an die lange als vorbildlich geltende „Lomé-Kultur" erinnern. Grundsätzlich kann dabei zwischen Kohärenzmängeln zwischen der Gemeinschaft und den Mitgliedsländern (hier ist die „Souveränität" nationaler Hilfs- und Entwicklungspolitiken berührt) und solchen zwischen der Entwicklungspolitik der Gemeinschaft und anderen Politiken unterschieden werden.

Eine ergebnisorientierte Reformdebatte hat allerdings - wie im folgenden anhand der jüngeren Reformdiskussion auf EU-Ebene, am Beispiel der französischen Afrikapolitik und den entwicklungspolitischen Folgen der Osterweiterung gezeigt werden soll - den Bruch mit der überkommen Kompromisskultur europäischen Entwicklungshandelns zur Voraussetzung. Dabei ist es unverzichtbar, die gemeinhin hinter wohlfeilen Zielformulierungen verborgenen „nationalen" (oder als national imaginierten) Interessen der Mitgliedstaaten offen anzusprechen und auf Basis einer realistischen Bestandaufnahme -operativ ins Kalkül zu ziehen. Daß die europäischen Außen- und Entwicklungspolitiken eine verwirrend-widersprüchliche Vielfalt von ungeklärten, sich zum Teil überlappenden Zuständigkeiten und Ambitionen bieten, hängt nur zum Teil mit einer Debattenkultur zusammen, die idealistischen Selbstverortungen und den Vorzug vor konkreter Analyse gibt. Analytisch und politisch hilfreich wären Strategien, die als vital empfundene „nationale" Interessen benennen und - auf der Basis zeitlich gestaffelter Stufenpläne - zur Grundlage eines stärker abgestimmten europäischen Südhandelns zu machen suchen. Dabei könnten die Schaffung eines europäischen Entwicklungsministeriums (verbunden mit der Abschaffung nationaler Entwicklungsadminstrationen) oder aber institutionelle Garantien für die systematische Berücksichtigung entwicklungspolitischer Gesichtspunkte im Rahmen der GASP den Weg weisen. Das gegenwärtige Arrangement, das einzelstaatliche Prärogative unangetastet lässt und auf nirgends einklagbare subsidiäre Komplementarität setzt, ist - europapolitisch und unter Effizienzgesichtspunkten - eine wenig überzeugende „Lösung": Welchen Sinn macht es, daß Frankreich das vormalige Ministère de la coopération in das Außenministerium eingegliedert wird (1997), während das gleiche Ressort in England unter Claire Short, die als Secretary of State for International Development Kabinettsrang erhält, politisch aufgewertet wird (ebenfalls 1997). In Deutschland gäbe es möglicherweise heute kein Bundesministerium für Wirtschaftliche Zusammenarbeit und Entwicklung (BMZ) mehr gäbe, wenn die Bundestagswahlen vom Herbst 1998 einen anderen Ausgang genommen hätten.[9]

Hinzu kommt das ungeklärte Verhältnis der einzelnen, die Außenbeziehungen berührenden Politikfelder untereinander. Im Abschlußbericht der „Außenpolitisches Handeln" (Gruppe VII) des Europäischen Konvents heißt es dazu: „Die Gruppe erkennt zwar an, dass die Entwicklungspolitik auf spezifische Zwecke abzielt, die sich in den Grundsätzen und Zielen des außenpoliti-

---

9   In der Endphase der Regierung Kohl hatte die Abschaffung des Ministeriums für den Fall eines Wahlsiegs einer christdemokratisch-liberalen Koalition als wahrscheinlich gegolten.

schen Handelns der EU wiederfinden, hob jedoch hervor, dass für Kohärenz zwischen der Entwicklungszusammenarbeit und anderen Aspekten des außenpolitischen Handelns der EU sowie den externen Aspekten der internen Politikbereiche zu sorgen ist, da Entwicklungshilfe als ein Element der Gesamtstrategie der Union gegenüber Drittländern angesehen werden sollte."[10]

Trotz unklarer Kompetenzen und zahlreicher offener Fragen hat die Europäische Union hat in den zurückliegenden Jahren umfängliche Reformen ihrer Außenhilfe auf den Weg gebracht. Anfang 2000 wurde EuropeAid ins Leben gerufen und Ende Juli 2002 hat der Europäische Rat in Sevilla beschlossen, den EU-Entwicklungsministerrat als eigenständiges Gremium aufzulösen. Gleichzeitig wurde in Brüssel erwogen, die im Herbst 2004 anstehende Kommissionsneubildung für die Auflösung der „Generaldirektion Entwicklung" zu nutzen. In den Vorschlägen für eine grundlegende Reform des Verwaltungsaufbaus an die Nachfolgekommission war von einem eigens für die Entwicklungspolitik zuständigen Kommissar nicht mehr die Rede. Die ehemalige Generaldirektion Entwicklung, die derzeit noch über knapp 200 Beamtenstellen verfügt (die 1999 aufgelöste GD-VIII hatte 800 Beamte), sollte der Direktion für Auswärtiges angegliedert werden.[11]

Die jüngst auf europäischer Ebene ins Auge gefaßten, in Teilen bereits umgesetzten Reformen stellen eine überfällige Re-

---

10 Europäischer Konvent: Schlussbericht der Gruppe VII „Außenpolitisches Handeln", CONV 459/02, Brüssel (16. 12. 2002).
11 Mit der Ernennung des früheren belgischen Außenministers Louis Michel zum Kommissar für Entwicklung und Humanitäre Hilfe sind diese Vorschläge vorläufig gegenstandslos geworden. Nach den Vorschlägen der scheidenden Kommission hätte die Verantwortung für alle länderspezifischen Aufgaben bei der Generaldirektion für Auswärtige Beziehungen liegen sollen. EuropeAid, deren Hauptaufgabe die Nahrungsmittel- und Nothilfe ist, wäre für themenbezogene Querschnittsanliegen (Zusammenarbeit mit NRO's, Tropenwaldschutz, Gender- und Menschenrechtsfragen) zuständig gewesen. Unklar bleibt, wie die Haushaltsstruktur der EU der institutionellen Reformagenda angepasst werden kann. Die irische Ratspräsidentschaft hatte ursprünglich eine Überprüfung der „regionalen Gewichtung" der europäischen Entwicklungszusammenarbeit angekündigt, davon aber nach Protesten des Europäischen Parlaments - gegen den ausdrücklichen Wunsch von Kommission und Rat - im Dezember 2003 wieder abgesehen.

aktion auf verbreitete - und inzwischen weithin akzeptierte - Kritik dar. In ihrem „Jahresbericht 2001 über die Entwicklungspolitik der EG und die Umsetzung der Außenhilfe" hatte die Prodi-Kommission freimütig eingeräumt, sich bei ihrem Amtsantritt „hinsichtlich der Hilfe gegenüber Drittländern" in einer „besorgniserregenden Situation" befunden zu haben. So hätten „Relevanz und Qualität der Gemeinschaftsprogramme" maßgeblich dazu beigetragen, „die Glaubwürdigkeit der Kommission in den Augen der begünstigten Staaten, der Mitgliedstaaten und ihrer Partner in den multilateralen Institutionen" zu beschädigen. Die seither auf den Weg gebrachten Reformen des Managements der Außenhilfe zielten auf eine Verbesserung der Qualität der Projekte und Programme, verkürzte Umsetzungszeiten und die Gewährleistung finanzieller, technischer und vertraglicher Abwicklungsmodi, die künftig „hohen internationalen und berufsethischen Ansprüchen" genügen sollen. Es ging - und geht - um eine verbesserte Wirkung und Sichtbarkeit der Hilfe.

Dabei wird - hinter institutionenbezogen und abwicklungstechnisch begründeten Überlegungen - ein grundlegendes Dilemma deutlich. Die Europäische Union hat es bisher - eine Art entwicklungspolitischer Methode Monnet - vermieden, sich ergebnisbezogen die Frage nach dem Sinn und dem künftigen Verhältnis von integrierten und nationalen Entwicklungspolitiken zu stellen. Dabei ist - history matters - nach wie vor von erheblicher Bedeutung, daß es sich bei acht der (bis Mai 2004) fünfzehn EU-Mitgliedstaaten um ehemalige Kolonialmächte handelt, die angesichts historischer und sprachlich-kultureller Gemeinsamkeiten bilaterale Sonderbeziehungen zu ihren ehemaligen Besitzungen pflegen. Letztere stehen - etwa mit Blick auf Gute Regierungsführung und Demokratieförderung - häufig in einem in einem widersprüchlich interessengeleiteten Spannungsverhältnis zu vertraglich vereinbarten Gemeinschaftspolitiken. Es wäre europa- und entwicklungspolitisch gleichermaßen verdienstvoll, wenn es gelänge, eine hinreichend mandatierte und interessenbezogene „Kohärenzgraddebatte"[12] anzustoßen, die in Anerkenntnis politikformender

---

12 Das Bundesministerium für wirtschaftliche Zusammenarbeit und Entwicklung, (BMZ), die Kreditanstalt für Wiederaufbau (KfW) und die Gesellschaft für

"nationaler" Traditionen um verbesserte Grundlagen europäischer Politikabstimmung müht. Statt sich in wohlfeiler Rhetorik und wenig handlungsbindenden Allgemeinheiten (globale Strukturpolitik, strukturelle Stabilität etc.) zu verlieren, täte eine Debatte not, die die Selbstansprüche und Ziele europäischen Südhandelns an den konkreten Zielen und operativen Möglichkeiten des politisch nachgeordneten Politikfeldes misst und das Verhältnis zu konkurrierenden Politikfeldern zu klären sucht. Ein dermaßen beförderter entwicklungspolitischer "Realismus" böte die Chance, innerstaatliche und innereuropäische Interessens- und Traditionsgegensätze auf die europäische Agenda zu setzen und dabei der Gefahr vorzubeugen, Gemeinschaftshilfen für nationale Belange zu instrumentalisieren.[13]

3.1 Der permanente Kompromisscharakter europäischer Südpolitik

Am 23. Juni 2000 haben 77 afrikanische, karibische und pazifische Länder (die sogenannten AKP-Staaten) und die Europäische Union ein neues entwicklungspolitisches Kooperationsabkommen unterzeichnet. Es trat an die Stelle der im Februar 2000 ausgelaufenen Lomé-IV Konvention und wird bis zum Jahr 2020 gelten. Die nach ihrem Unterzeichnungsort "Konvention von Cotonou" genannte Vereinbarung steht für den erklärten politischen Willen, die Wahrung vertragspolitischer Kontinuität mit "tiefgreifenden" und "unumgänglichen Neuerungen" zu verbinden.[14] In der Präambel heißt es, die 91 Vertragsstaaten seien gewillt, "ihre besonderen Beziehungen neu zu beleben und ein umfassendes und integriertes Konzept für eine vertiefte Partnerschaft zu verwirklichen, die auf poli-

---

Technische Zusammenarbeit (GTZ) verfügen inzwischen über „Harmonisierungs-beauftragte".
13 Christian Hacke, Die Außenpolitik der Bundesrepublik Deutschland. Von Konrad Adenauer bis Gerhard Schröder, Berlin 2003.
14 So die deutsche Entwicklungshilfeministerin Heidemarie Wieczorek-Zeul, die die EU bei der Neuverhandlungen der Wirtschafts- der Handelszusammenarbeit vertrat.

tischen Dialog, Entwicklungszusammenarbeit und Wirtschafts- und Handelsbeziehungen beruht."

Die Bedeutung der neuen Konvention, deren Aushandlung zwei Jahre in Anspruch nahm, gründet nicht nur in dem Umstand, daß die EU und ihre Mitgliedstaaten gegenwärtig für mehr als die Hälfte der weltweit vergebenen öffentlichen Entwicklungshilfe aufkommen.[15] Ebenso wichtig erscheint die konzeptionelle Neuausrichtung einer Partnerschaft, die ordnungs- und demokratiepolitische Standards setzen will. Die Idee eines egalitären Modells staatlich dominierter Entwicklungszusammenarbeit, das die EU und ihre Mitgliedsstaaten mittels eines Globalabkommens an unterschiedlich entwickelte Regionen Afrikas, der Karibik und des Pazifik zu binden suchte, gehört der Vergangenheit an. An seine Stelle sollen leistungs- und performanzbezogene Vergabekriterien für Entwicklungshilfe treten. Als Hauptziel künftiger EU-AKP Zusammenarbeit gilt die Bekämpfung der Armut und deren langfristige Überwindung. Dabei ist von herausgehobener Bedeutung, dass die politische Dimension der Armutsreduzierung als zentraler Bestandteil von Armutsbekämpfung erstmals offiziell Anerkennung gefunden hat.[16] Der Vertragstext nennt fünf Säulen, auf de-

---

15 2001 belief sich die Öffentliche Entwicklungshilfe (ODA) der EU und ihrer Mitgliedstaaten auf 31 919 Mio. US$. Größter Geber waren die USA (10884 Mio. US$) und Japan (9678 Mio. US$). Die Steigerung der amerikanischen Leistungen (um real 7%) gegenüber dem Vorjahr erklärten sich allerdings fast gänzlich aus zusätzlichen Transfers an Pakistan, die nach dem 11. September gewährt wurden. Für die nahe Zukunft hat Präsident Bush weitere Steigerungen der amerikanischen Hilfen (voraussichtlich in Höhe von jährlich 5 Mio. US$) in Aussicht gestellt. Weitere Einzelheiten in Anhang III, Öffentliche Entwicklungshilfe (ODA) der Mitgliedländer des OECD-Ausschusses für Entwicklung (DAC) (2001-2002) und Anhang IV, Öffentliche Entwicklungshilfe (ODA) der Mitgliedländer des OECD-Ausschusses für Entwicklung (DAC) (1960-2002).
16 Hier ist allerdings anzumerken, dass die programmatische Absicht der Armutsbekämpfung bislang kaum glaubhaft operationalisiert ist. Eine empirische Studie der schwedischen Entwicklungspolitik kam kürzlich zu dem Ergebnis, dass diese angesichts ausgeprägter institutioneller Eigeninteressen noch weit von ihrem selbstgesetzten Zielen entfernt sei. In Deutschland hat der Wissenschaftliche Beirat des „Bundesministeriums für Wirtschaftliche Zusammenarbeit und Entwicklung" die Frage aufgeworfen, ob Armutsbekämpfung das Leitziel bilateraler Kooperation angesichts gegenläufiger (geopolitischer, ökonomischer) Interessen überhaupt Sinn mache. Auf Frankreich bezogen erklärt das Deve-

nen die künftige Zusammenarbeit ruhen soll: die Stärkung der politischen Dimension der Zusammenarbeit, die umfängliche Beteiligung der Zivilgesellschaft, effizientere Formen der Armutsbekämpfung, zeitlich gestreckte Liberalisierungsmaßnahmen und eine grundlegende Reform der Finanziellen Zusammenarbeit. Kann die neue Konvention, die sich neben bewährten gemeinsamen Organen wie Ministerrat und Botschafterausschuß jetzt erstmals auch auf eine gemeinsame Paritätische Parlamentarische Versammlung stützt, den selbstgesetzten Zielen gerecht werden? Oder handelt es sich, wie Kritiker einwenden, um ein eher kohärenzarmes *face-lifting*, daß in Zeiten verbreiteter *aid fatigue* in erster Linie diplomatischer Gesichtswahrung dient?

Die Vorläufer der Cotonou-Konvention - die Abkommen von Yaoundé und Lomé - galten lange als Sonderfall der internationalen Beziehungen. Sie gehen historisch wesentlich auf den Wunsch ehemaliger Kolonialmächte (Belgien, Frankreich) zurück, die Handelspräferenzen für ihre ehemaligen Kolonialgebiete auf den gemeinsamen Markt der Europäischen Wirtschaftsgemeinschaft (EWG) zu übertragen. 1962 wurde das erste Abkommen von Yaoundé unterzeichnet, dem 1969 ein weiteres folgte. Die erste Lomé-Konvention war 1975, nach dem EG-Beitritt Großbritanniens, unterschriftsreif. Sie dehnte den Geltungsbereich der

---

lopment Assistance Committee (DAC) der OECD, dass es an einer hinreichend präzisierten Strategie zur Armutsbekämpfung gänzlich fehle. „French bilateral aid is not concentrated on the poorest countries: the least developed countries (LLDCs) received only 22% in 1998 (compared with a DAC average of 24%). The top ten recipients include only four low-income countries (LICs), of which only one, Madagascar, is an LLDC (the other LICs are Côte d'Ivoire, Cameroon and Senegal). Per capita aid has the same pattern, showing the same kind of distortions. The richest countries in terms of per capita, like Gabon and the Congo, receive amounts of aid much larger than those for LLDCs like Burkina Faso and Mali. Aid is very heavily concentrated on the top ten recipients, which obtain 56% of the total, the remaining 44% being dispersed over more than 130 countries." OECD, DAC Journal 2000, France - New Zealand - Italy, Paris 2000, Vol. 1, No.3, S.19. Im Urteil der EU-Kommission: "Die Anpassung der Geber an die Armutsbekämpfungsstrategien war bisher enttäuschend." Europäische Kommission, Jahresbericht der Europäischen Kommission über die Entwicklungspolitik der Europäischen Gemeinschaft und die Außenhilfe im Jahr 2002 , Luxemburg 2003, S.25.

europäischen Assoziierungspolitik auf die ehemaligen britischen Kolonien, darunter sechs karibische und drei pazifische Inselstaaten, aus.

Wegen der für längere Zeiträume rechtsverbindlich vereinbarten Zusicherung von Entwicklungshilfeleistungen galt die Lomé-Politik der Europäischen Gemeinschaft lange als Kern und Vorzeigestück europäischer Außen- und Südpolitik. Sie war, vor dem Hintergrund bedrückender Kolonialerfahrungen, der Idee einer zwischenstaatlichen Entwicklungspartnerschaft etatistischen Zuschnitts verpflichtet. Dabei wog sie den Nachteil, als kolonial begründete Präferenzpolitik eine Reihe ebenfalls bedürftiger Länder indirekt zu diskriminieren, durch eine Reihe theoretisch als vorbildlich geltender Besonderheiten auf. So legten die Abkommen die Ziele und Pflichten der Vertragsparteien verbindlich fest, erlaubten dank mehrjähriger Laufzeiten mittelfristige Planungen und garantierten durch paritätisch besetzte Gremien einen kontinuierlichen Elitendialog. Darüber hinaus verbanden sie einen breiten Kooperationsansatz mit einem hohen Schenkungsanteil.

Neben entwicklungspolitischen Motiven spielten auf europäischer Seite allerdings auch rohstoff- und geopolitische Interessenlagen eine wichtige Rolle. Zu den übergeordneten Anliegen der Lomé-Politik zählte vor dem Hintergrund des Ost-West-Konfliktes zudem die Absicht, eine große Zahl von Entwicklungsländern politisch und wirtschaftlich an die EWG zu binden. Dies verband sich, wie das französische Beispiel verdeutlicht, mit durchaus erfolgreichen Versuchen nationaler Interessenwahrung. Die nach Pariser Verwaltungsvorbild eingerichtete DG VIII (später DG Développement) galt lange als chasse gardée, in der die Grande Nation, die zwischen 1958 und 1985 sämtliche „Entwicklungskommissare" stellte, ihre Einflusswünsche nicht zuletzt personalpolitisch geltend zu machen wusste. Dabei war es, so ein Mitglied des cabinet Pisani, französisches Bestreben, in Brüssel herausgehobene Posten zu besetzen. Mit nachhaltigem Erfolg: die formal nicht weisungsgebundenen französischen EU-Beamten etablierten effektive informelle Kontakte zu ihrer nationalen Vertretung.[17]

---

17 Eine andere Strategie verfolgte Großbritannien, dessen heutiger Einfluss wesentlich auf den langfristig angelegten Karrieren ehemals niedriger Kader

Rückblickend, und an ihren wirtschaftlichen Ergebnissen gemessen nehmen sich die Yaoundé- und Lomé-Vereinbarungen als im Kern als wenig erfolgreicher Versuch eines produktbezogenen Einkommenstransfers durch Exportstabilisierung wichtiger agrarischer und bergbaulicher Güter aus. Von diesem profitierten vor allem die rohstoffreichen Länder mit mittleren Einkommen. In der einschlägigen Literatur herrscht heute weitgehend Einigkeit darüber, daß die Abkommen, insbesondere im subsaharischen Afrika, einem kollektiven Klientelismus Vorschub leisteten, indem sie - auf neopatrimonialer Grundlage - entwicklungspolitisch fragwürdige Sonderbeziehungen zwischen partikularen Interessengruppen beförderten. Überfällige Wirtschaftsreformen zur Entwicklung der industriellen Potentiale, zur Modernisierung der Landwirtschaft, zur Erhöhung der Produktivität und zur Diversifizierung der Exportstruktur wurden häufig verschleppt oder gar verhindert.[18]

In einer 1997 vom Wissenschaftlichen Beirats des deutschen Bundesministeriums für wirtschaftliche Zusammenarbeit und Entwicklung (BMZ) verfaßten Stellungnahme hieß es: "...the possibility could not be precluded, in view of the clear donor-recipient relationship and precisely because of the contractually guaranteed flow of official resources into the ACP countries, that initiatives were given to these countries to reduce their own efforts, or to consider these flows not as a supplement, but as a substitute for domestic resource mobilisation and thus increasing the trend towards consumption. Und: "...the incentives which worked to preserve existing structures, an inherent feature of the Stabex and Sysmin systems, worked against the target of diversifi-

---

gründet. Mit Erfolg: in den Organigrammen von Europe Aid finden sich kaum noch Franzosen in herausgehobenen Funktionen. Unter den Experts Nationaux Détachés (END), also nationalen Funktionären, die, von den Entsendestaaten bezahlt, in Institutionen der Gemeinschaft arbeiten, fanden sich in der DG DEV Mitte 2000 sechs Engländer und ein Franzose. Nach dem Amtsantritt von Poul Nielson löste zudem das Englische das Französische als dominante Arbeitssprache ab.

18 Robert Kappel, Europäische Entwicklungspolitik im Wandel. Perspektiven der Kooperation zwischen der Europäischen Union und den AKP-Ländern, Duisburg 1996 (INEF-Report 17) und Axelle Kabou, Weder arm noch ohnmächtig. Eine Streitschrift gegen schwarze Eliten und weiße Helfer, Basel 1993.

cation....and would probably have been achieved much more efficiently through financial transfers independent of specific products".[19]

Das Modell eines staatszentrierten Postkolonialismus, das der bald so genannten „Lomé-Kultur" zugrundelag, gilt spätestens seit den weltpolitischen Umbrüchen der späten achtziger und frühen neunziger Jahre als überholt. Es diskriminierte kolonialhistorisch nicht an die EU gebundene Länder, stand in Konkurrenz zu den GATT- und WTO-Vereinbarungen und schien zudem geeignet, bilateral geschlossene Handels- und Kooperationsabkommen einzelner EU-Mitgliedsstaaten, etwa zu den Mittelmeerdrittländern (MED), zu konterkarieren. Hinzu kam, dass sich der geographische Horizont der EU-Kooperationspolitik durch weitere, regional oder bilateral mit asiatischen und lateinamerikanischen Staaten getroffene Vereinbarungen ständig erweiterte.

Vor diesem Hintergrund verlieh die Europäische Kommission Ende 1996 in ihrem vielbeachteten „Grünbuch" der Überzeugung Ausdruck, dass die europäische Südpolitik grundlegender Reformen bedürfe. In der sich anschließenden, überwiegend fachöffentlich geführten Debatte reichte das Meinungsspektrum von Forderungen nach mehr Kohärenz bis hin zu Forderungen, die EU-AKP-Zusammenarbeit gänzlich einzustellen.[20] Beobachter, die sich vom Verlauf der Lomé-Nachfolgeverhandlungen Aufschlüsse darüber erhofft hatten, wie eine grundlegend reformierte, langfristig angelegte EU-Südpolitik aussehen könne, sahen sich indes enttäuscht.

Dass die innereuropäische Debatte über die Zukunft der EU-Entwicklungspolitik nicht zu einheitlichen Auffassungen über deren politischen Sinn und ökonomischen Nutzen führte, kann indes nicht verwundern. Zu unterschiedlich und widersprüchlich schienen die Interessen, die nationalen und ordnungspolitischen Grundhaltungen wechselnder Regierungen zugrundelagen. Dabei spielten außenpolitische Interessenlagen und Denkstile eine ebenso

---

19 Europäisierung der Entwicklungszusammenarbeit. Eine Stellungnahme des Wissenschaftlichen Beirats beim Bundesministerium für Wirtschaftliche Zusammenarbeit und Entwicklung, Bonn 1997 (BMZ aktuell), S. 12 und 8.
20 Susanna Wolf (ed.), The Future of EU-ACP Relations, Frankfur/M.1999, S.1.

große Rolle wie ordnungspolitische Differenzen über das ideale Verhältnis von political decision making und macroeconomic reasoning.

In der Summe kommen die innereuropäischen Abstimmungsmängel den Steuerzahler teuer zu stehen. Schätzungen gehen davon aus, dass die Mittel für die öffentliche europäische Entwicklungshilfe verzehnfacht werden müssten, um die unerwünschten Nebenwirkungen mangelnder Kohärenz und unzulänglicher Koordination zu kompensieren.[21] Aus funktionaler Perspektive erscheint nach wie vor das ungeregelte Nebeneinander von gemeinschaftlicher und nationalen Entwicklungspolitiken als zentraler Mangel entwicklungspolitisch begründeter EU-Politik. Zwar hat die EU seit den Verträgen von Maastricht (1992, Art. 130) und Amsterdam (1999, Art. 177) ein rechtlich verankertes entwicklungspolitisches Mandat, aber dessen Wahrnehmung erweist sich in der Praxis als ähnlich schwierig wie die ebenfalls in Aussicht genommene „harmonische, schrittweise Eingliederung der Entwicklungsländer in die Weltwirtschaft" oder die „Bekämpfung der Armut" (Art. 177). Bis heute mangelt es der Europäischen Union an einer konsistenten, entwicklungs-, außen- und wirtschaftspolitisch abgestimmten Südpolitik. Unbeantwortet ist, vor dem unterschiedlicher regionaler Schwerpunkte und Verwaltungstraditionen; nach wie vor vor allem die Frage nach einer sinnvollen Arbeitsteilung zwischen der nationalen und supranationalen Ebene.[22]

Hier erwies sich der Vertrag von Maastricht als wenig hilfreiches Dokumente der Unentschiedenheit. Zum einen definierte er Entwicklungspolitik ausdrücklich als „Ergänzung der Politik der Mitgliedstaaten" und gestand der Kommission für Teile der gemeinschaftlich verwalteten, aber national finanzierten Hilfsprogramme lediglich eine Koordinationsfunktion zu. Nach dem Sub-

---

21 Stefan Brüne, Evaluierung als öffentliche Kommunikation. Zu den politischen und institutionellen Rahmenbedingungen entwicklungsbezogener Wirkungsbeobachtung, in: (ders.) (Hg.): Erfolgskontrolle in der entwicklungspolitischen Zusammenarbeit, Hamburg 1998 (Schriften des Deutschen Übersee-Instituts 39), S. 9-26.
22 Hans-Joachim Preuss/KlausWardenbach, Ach Europa! Für einen aktiveren deutschen Beitrag zur europäischen Entwicklungspolitik, in: Entwicklung und Zusammenarbeit (1999) 2, S. 45-47.

sidiaritätsprinzip sollte die Kommission nur das tun, „was die Mitgliedstaaten nicht selbst ausreichend bewirken können". Gleichzeitig sah der Vertragstext aber auch vor, dass sich die Union und ihre Mitgliedstaaten bei der Ausgestaltung ihrer bilateralen Politiken ergänzen (Komplementaritätsgrundsatz), ihre Politiken aufeinander abstimmen (Koordinierungsauftrag) und entwicklungspolitische Ziele auch in anderen Politikfeldern berücksichtigt werden sollten (Kohärenzgebot).

In der Praxis hat das unübersichtliche Nebeneinander konkurrierender Ansprüche und Kompetenzen dazu geführt, dass „Zersplitterung, mangelnde Autonomie und die Konkurrenz nationaler Programme" die Effizienz gemeinschaftlicher Entwicklungszusammenarbeit erheblich minderten. Letztere galt selbst langjährigen Mitarbeitern der Kommission als „Geheimwissenschaft, gerade noch verständlich für die Spezialisten der Kommission und des Rates, aber kaum noch überschaubar für Außenstehende, wie Mitglieder des Europäischen Parlaments".[23] So ließen sich bis zur Bildung der Prodi-Kommission, die Ende 1999 die Zuständigkeit für Entwicklungspolitik in einer „Generaldirektion Entwicklung" vereinigte, Maßnahmen unterscheiden, die (a) in ausschließlicher Gemeinschaftskompetenz (Handelspräferenzen, Soforthilfe etc.) lagen, (b) in gemeinsamer Verantwortung von EG und Mitgliedsländern (Nahrungsmittelhilfe, EZ mit Mittelmeerdrittländern und den EL Asiens und Lateinamerikas) durchgeführt wurden und (c) von den Mitgliedstaaten finanziert, aber von der EU-Kommission verwaltet und abgewickelt (Lomé-Kooperation) wurden. Hinzu kamen Graubereiche, in denen die EU agierte, ohne ein klar definiertes rechtliches Mandat (Internationale Nord-Süd-Konferenzen) zu haben.

Vor dem Hintergrund eines allzu pragmatischen Ausbaus der europäischen Entwicklungspolitik erschien Kommissionsmitarbeitern der Zwang der Mitglieder der Union, gemeinsame Politik betreiben zu müssen und ihrem gleichzeitigen Beharren auf einzelstaatlicher Souveränität als maßgeblicher Grund für ein von Konzeptionslosigkeit und geringer Entscheidungsautonomie geprägtes

---

23 Anton Reithinger, Probleme und Perspektiven Europäischer Entwicklungspolitik, in: NORD-SÜD aktuell 9 (1995) 3, S. 398.

Verwaltungshandeln. Die Folge war unter anderem, dass auch unwichtige und nachgeordnete Detailfragen ad hoc von einem damit überforderten Ministerrat geregelt werden mussten - ein Umstand, von dem auch längerfristig angelegte Vereinbarungen wie die Lomé-Verträge betroffen waren. Auch wurden zahlreiche Programme nach je eigenen administrativen Regularien abgewickelt. Zwischenzeitlich waren bis zu vier Kommissare mit entwicklungspolitischen Fragen befasst. Hinzu kam, dass die Zuständigkeiten für die diversen Hilfsinstrumente und politische Aufgaben auf eine Vielzahl von Abteilungen und Arbeitseinheiten mit sich z.Tl überschneidenden Aufgabenstellungen verteilt waren und in der „Organisationskultur" der Gemeinschaft die Einhaltung von Verfahrensregeln Vorrang vor ergebnisorientiertem Handeln hatte.

Es hieße indes die Augen vor den politischen Hintergründen derartiger Mängel zu verschließen, wollte man in ihnen in erster Linie die Folge einer technisch unzureichend abgestimmten Organisation subsidiärer Zusammenarbeit sehen. Auch Versuche, sie den Kollateralschäden bürokratischer Oligarchien zuzurechnen, greifen zu kurz. Für die entwicklungspolitisch dysfunktionale Mängel der organisatorischen Abstimmung zwischen Kommission und Mitgliedstaaten waren und sind - in der öffentlichen Diskussion weitgehend tabuisierte - gegenläufige Interessenlagen und Rivalitäten ausschlaggebend. Die Verantwortung hierfür liegt vor allem bei jenen Mitgliedstaaten, die sich in der Vergangenheit weigerten, ihre bilateralen Programme und Planungen offenzulegen (Frankreich!) und aus Rücksicht auf Gruppen- und Brancheninteressen davon absahen, den im Verhältnis zu Entwicklungsländern propagierten „politischen Dialog" auch untereinander zu führen.

Die entwicklungspolitisch bedauerliche Folge dieser Konstellation war nicht nur die zeitintensive Bindung administrativer Kapazitäten. Der permanente Kompromisscharakter europäischer Südpolitik trug - Folge der Tendenz zur Einigung auf dem kleinsten gemeinsamen Nenner - auch dazu bei, dass die Gemeinschaftspolitik in den Empfängerländern nicht das politische Gewicht hatte, das sie auf Grund des Leistungsumfangs hätte beanspruchen können. Beträchtliche Glaubwürdigkeitsverluste waren die Folge. Sie boten den Nehmerländern - vor allem während, aber auch noch nach dem Ende des Kalten Krieges - die willkommene Gelegenheit, potentielle Geber gegeneinander auszuspielen und aus deren Rivalitäten politischen und wirtschaftlichen Nutzen zu ziehen.

3.2 Noch immer politikprägend: Das koloniale Erbe französischer Südpolitik

Anders als im 1963 geschlossenen Elysée-Vertrag vorgesehen haben die Regierungen in Bonn und Paris ihre Afrika-, Süd- und Entwicklungspolitiken in den zurückliegenden Dekaden weder abgestimmt noch „gegenübergestellt". Zu unterschiedlich schienen die Philosophien, Strukturen und Instrumente der beiden wichtigsten europäischen Geberländer zu sein, als dass sich vorzeigbare Synergieeffekte hätten erzielen lassen. Ob die Ende 1998 in Potsdam zwischen der deutschen Entwicklungshilfeministerin und ihrem französischen Amtskollegen vereinbarte „engere Abstimmung", die den Vorsatz gemeinsamer Ministerreisen einschließt, langfristig von größerer Bedeutung sein wird, steht dahin.[24]

Bis zum Ende des Kalten Krieges verzichtete die deutsche Politik in einer Art selbstauferlegter Zurückhaltung fast gänzlich darauf, wichtige Auffassungsunterschiede in afrikabezogenen Politik-, Militär- und Wirtschaftsfragen öffentlich zu thematisieren. Dabei war den Regierenden in Bonn durchaus bewusst, dass Frankreichs kolonial überkommene Hegemonialpolitik mit dem als partnerschaftlich beschriebenen „Geist von Lomé" nur nicht oder nur begrenzt in Einklang zu bringen war. Nach in Bonn weitgehend geteilten Einschätzungen verfolgte Paris, zumindest im Bereich seiner ehemaligen Kolonien, eine machtbewusste, weitgehend geopolitisch inspirierte Einflusspolitik, die - auf neopatrimonial-klientelistischer Grundlage - demokratische Grundsätze im Zweifel geringschätzte. „Jeder soll das machen, was er am besten kann", erklärte ein hoher Beamter des Bundeskanzleramtes Mitte der achtziger Jahre auf einer außenpolitischen Fachtagung in Kon-

---

24 Stefan Brüne, Die französische Afrikapolitik. Hegemonialinteressen und Entwicklungsanspruch, Baden-Baden 1995 und Dietrich Collofong, Stärker miteinander in Afrika? Deutsche Entwicklungspolitik zwischen Frankreich und Europa, in: Dokumente (1999) 6, S. 457-470.

stanz das stillschweigende Einvernehmen. So konnte es vorkommen, dass die deutsche Diplomatie ihr „Schweigen" anlässlich offensichtlich manipulierter Parlamentswahlen in Guinea als Kritik verstanden wissen wollte, die USA mit Abbruch der Entwicklungshilfe drohten und Frankreich „seinem" langjährigen Diktator, einem zum Zivilisten mutierten Brigadegeneral, zu seinem Wahlerfolg gratulierte.[25] Auch die beim 16. franko-afrikanischen Gipfel 1990 in La Baule eingeleitete, aber schon bald zurückgenommene demokratiepolitische Neuorientierung der französischen Afrikapolitik war zu keinem Zeitpunkt Gegenstand systematischer bilateraler Konsultationen.

Zu von einer breiteren Öffentlichkeit wahrgenommenen Dissonanzen kam es erstmals, als französische Politiker Anfang der neunziger in der ehemaligen deutschen Kolonien Togo vergeblich versuchten, die von der Europäischen Union wegen Wahlmanipulation und fortgesetzter Menschenrechtsverletzungen beschlossene Aussetzung der Entwicklungszusammenarbeit rückgängig zu machen. Den 1993 stufenweise eingeleiteten Sanktionen der Gemeinschaft gegen Togo, die 1998 ein Verfahren mit dem Ziel des Ausschlusses von der Lomé-Konvention nach sich zogen, stimmte die französische Delegation erst nach heftigen internen Auseinandersetzungen und hinhaltendem Widerstand zu. Als Amnesty International im Mai 1999 einen Bericht über anhaltend schwere Menschenrechtsverletzungen in Togo veröffentlichte, der zu einem Einreiseverbot des senegalesischen AI-Generalsekretärs führte, bezog Präsident Chirac, der 1990 erklärt hatte, Afrika sei noch nicht reif für die Mehrparteiendemokratie, öffentlich zugunsten des 1963 mit französischer Hilfe an die Macht gelangten Präsidenten Stellung.[26]

Die genannten Beispiele lassen nicht nur unterschiedliche Interessenlagen und Politiktraditionen erkennen. Sie machen auch die Schwierigkeiten von deren „kohärenter" Überwindung deutlich. Man kann in der überkommenen deutschen Neigung, afrika-

---

25 Stefan Brüne/Oskar von Maltzan, Demokratische Transition: Wahlen und Wahlbeobachtung in Guinea, in: Joachim Betz/Stefan Brüne (Hg.), Jahrbuch Dritte Welt, München 1995, S. 53-62.
26 Dietrich Collofong, Stärker miteinander in Afrika? Deutsche Entwicklungspolitik zwischen Frankreich und Europa, in: Dokumente (1999) 6, S. 457-470.

politischen Konflikten mit Frankreich - zumindest im pré-carré francophone - aus dem Weg zu gehen, ein Fortwirken der von Bismarck formulierten Doktrin sehen, nach der Deutschland in Afrika vor allem handelsorientierte Interessen verfolgt. Man kann aber auch, in einer Region, deren Entwicklungsbedarf ständig wächst, eklatante Mängel innereuropäischer Abstimmung diagnostizieren. Das Deutsche Institut für Entwicklungspolitik (DIE) identifizierte kürzlich „politische Interessendivergenzen, unterschiedliche Zuständigkeiten auf nationaler und EU-Ebene, Defizite in der Organisation politischer Entscheidungsprozesse, Informationsdefizite und die Komplexität des Entwicklungsprozesses" als Hauptursachen für innereuropäische Kohärenzmängel.[27] Hinzu kommen, wie im folgenden am Beispiel jüngerer Debatten um die Perspektiven französischen Südhandelns gezeigt werden soll, innen- und parteipolitisch motivierte Gegensätze und Auffassungsunterschiede.

"Es handelt sich um eine wichtige Reform, um Ideen, die in den vergangenen zehn bis fünfzehn Jahren immer wieder diskutiert wurden - und die diesmal Wirklichkeit werden." Lionel Jospins Ankündigung einer grundlegenden Reform der französischen Afrika- und Südpolitik fiel Mitte 1998, durch einen Kabinettsbeschluss abgesegnet, in eine Phase erzwungener Nachdenklichkeit. Spätestens seit der Abwertung des Franc-CFA im Januar 1994 hatten sich die gemeinhin als Einflussverlust charakterisierten Misserfolge der französischen Subsaharapolitik derart summiert, dass Teile der Pariser Presse von einem "Fiasko" und "Bankrott" sprachen. Die zwiespältige Rolle Frankreichs beim Genozid in Ruanda - die einen parlamentarischen Untersuchungsausschuss beschäftigte[28] -, die freundliche Kommentierung wenig regelge-

---

27 Guido Ashoff, Verbesserung der Kohärenz zwischen Entwicklungspolitik und anderen Politiken, Bonn 2002 (Deutsches Institut für Entwicklungspolitik, Analysen und Stellungnahmen,1).

28 „France's role has been characteristic of some EU members who have pursued their perceived national interests at the expense of a common EU approach. In action and inaction, the foreign policy of different EU governments, incoherent therefore with each other as well with EU aid policy, failed to meet the challenge of genocide". EUROSTEP, Acknowledging Genocide, Human Rights Watch Report, Leave none to tell this story

rechter Wahlen durch das Elysée (Tschad, Niger) und der weithin ungebrochene Einfluss am Rande der Legalität operierender franko-afrikanischer Netzwerke ("reseaux") verwiesen auf die Brüchigkeit und Beweisnöte eines Afrikaengagements, das im Urteil führender Politiker "das Ansehen Frankreichs zunehmend beschädigte"[29].

Vor diesem Hintergrund hatten die unverzüglich ins Werk gesetzten Reformen der rosa-rot-grünen Koalition vor allem drei Ziele: den politischen Einfluss am Rande der Legalität operierender franko-afrikanischer Netzwerke einzudämmen, die institutionellen Voraussetzungen für eine international vorzeigbare Süd- und Entwicklungspolitik zu schaffen und, nicht zuletzt mit Blick auf die europäischen Partner, neue strategische Prioritäten zu definieren. Rückblickend fällt eine erste Zwischenbilanz zwiespältig aus. Während Mitarbeiter des Quai d'Orsay dafür halten, dass zahlreichen europäischen und nordamerikanischen Beobachtern die richtungsweisenden Veränderungen des französischen Afrikaengagements entgangen seien, bleibt die renommierte Fachzeitschrift Marchés Tropicaux et Mediteranéens skeptisch: "Il est au total permis d'être sévère sur le bilan africain de la législature Jospin".[30]

In der Tat deutet vieles auf fortgesetzte Machtkämpfe, interne Blockaden und kohabitationsbedingte Unentschiedenheiten hin. Nicht nur die Integration des Personals von Außen- und Kooperationsministerium erwies sich als schwierig. Auch die Absicht des Quai d' Orsay , die klientelistisch gewirkten Sonderbeziehungen zu frankophilen Fassadendemokratien in zwischenstaatliche Normalität zu überführen, provozierte erhebliche Widerstände. Auch die Umsetzung der als Neubeginn gedachten institutionellen Reformen, die die Zahl konkurrierender Akteure mindern und der französischen Südpolitik zu größerer Effizienz und Transparenz verhelfen sollten, erwiesen sich als schwierig. So trat das 1998 ins Leben gerufene Comité interministeriel de la coopération interna-

---

www.hrw/org/reports/1999/rwanda/Geno/15-8-03.htm - 101 08.08 2004 und Girard Renaud, Rwanda: Les Faux Pas de la France, Le Figaro, 19.05.1994.
29 Michel Rocard, ähnlich Pierre Mauroy.
30 Frédéric Lejeal/Sébastien de Dianous, Les relations France-Afrique n'ont pas de repères, in: Marchés Tropicaux 57.(2001) 2927, S.2547-2549.

tionale et de développement (CICID), das die strategischen Orientierungen der Entwicklungspolitik festlegen und fortschreiben soll, anfangs nur unregelmäßig zusammen. Französische Diplomaten geben informell zu verstehen, dass weitere fünf Jahre notwendig sein werden, um der französischen West- und Zentralafrikapolitik den "Beigeschmack des Kolonialismus" (Charles Josselin) dauerhaft zu nehmen.

Zu einem eher nachdenklich stimmenden Befund trägt auch der Umstand bei, dass eine breite öffentliche Debatte um künftige - europäisch abgestimmte - Prioritäten und Ziele des französischen Engagements lange so gut wie nicht stattfand. Versuche, diese zu befördern, verliefen häufig im Sande.[31] Während sich der Quai d'Orsay auf seinen Internetseiten zugute hielt, 1999 angesichts der Staatsstreiche in Niger, auf den Komoren, in Guinea-Bissau und der Côte d'Ivoire nicht interveniert zu haben[32], diagnostizierten Kritiker einen ausgeprägten Mangel an politischem Demokratisierungswillen: "Car c'est bien sur le terrain africain que les volontés de changement de la France auraient pu s'exprimer: Alors que Paris a eu mille occasions de remettre réellement ses relations à plat, elle s'est souvent contentée de stigmatiser timidement et vainement certaines violations des principes sur lesquels elle fondait ses partenariats".[33]

Wie eng und wie selbstverständlich ein kolonial geprägter Habitus und personengebundenes Machtbewusstsein Teile der franko-afrikanischen Beziehungen bis in die jüngste Vergangenheit prägten, wurde zuletzt Ende Juli 2001 deutlich, als der französische Außenminister drei Schreiben gleichen Inhalts erhielt. Darin ließen es sich die Präsidenten der Republiken Kongo, Tschad und Gabun angelegen sein, ihren französischen Kollegen Hubert Védrine auf eine Publikation hinzuweisen, in der "Frankreich und seine politische Führung ... nicht besser behandelt werden als die

---

31 Stefan Brüne, Tagungsbericht: Die auswärtigen Beziehungen Deutschlands und Frankreichs im neuen Europa, Paris 9.-10.10.2001. <http://www.duei.de/iaue (Aktuelles)>

32 La politique africaine de la France <htttp://www.france.diplomatie.fr /actual/ dossier/polafricaine/>.

33 Frédéric Lejeal/Sébastien de Dianous, Les relations France-Afrique n'ont pas de repères, in: Marchés Tropicaux 57.(2001) 2927, S. 2548.

Repräsentanten afrikanischer Demokratien". Anlass und Hintergrund der Beschwerde war die Veröffentlichung der Buches "Noir Silence", in dem François-Xavier Verschave die französische Afrikapolitik einer journalistisch informierten Generalkritik unterzieht. Verschave dienen die verdeckte Hilfe Frankreichs für Denis Sassou-Nguessos Coup in Brazzaville (1997), die fortgesetzte Unterstützung des Militärregimes im Tschad sowie die Ausrichtung des franko-afrikanischen Gipfels in Kamerun[34] als Beispiele für eine skandalträchtige, wenig prinzipienfeste französische Afrikapolitik. Er wurde, wegen „offense à chef d'Etat étranger" angeklagt, in der Hauptsache freigesprochen und auf Grund falscher Detailbehauptungen zu einer Strafe vom 1 FF verurteilt. Die Prozeßakten, die aufschlussreiche Einblicke in das informelle Geflecht franko-afrikanischer Beziehungen geben, liegen inzwischen unter dem Titel "Noir procès. Offense à chef d'Etat" in Buchform vor.[35] Der von Verschave geprägte Begriff *Françafrique* gehört mittlerweile fest zum französischen Wortschatz.

Kritik am machtbewussten Neogaullismus überkommener Afrikapolitik hat in den vergangenen Jahren auch das französische Episkopat geübt. In einem am 11. Januar 2001 in der Zeitung *La Croix* veröffentlichten Brief an Jacques Chirac forderte Kommission Justitia et Pax Präsident Chirac anlässlich des franko-afrikanischen Gipfels in Yaoundé auf, das Mutterland der Menschenrechte vor Imageschäden zu bewahren. Frankreich, so die Kommission, habe sich durch sein Schweigen zum Komplizen von Regierungen gemacht, die Wahlfälschung praktizierten und die Verhaftung, mitunter sogar die physische Eliminierung von Oppositionellen und Journalisten deckten.[36]

Man könnte derlei Kritik als einzelfallbezogen abtun, stünde sie nicht in der Kontinuität einer Außen- und Afrikapolitikpolitik, die im Schatten präsidentieller Machtfülle eine auffällige Häufung von Affären begünstigt hat. Die in den späten fünfziger

---

34 Nach Erkenntnissen des Erzbischofs Tumi soll es allein in Douala in den vergangenen Jahren zu mehr als 500 extralegalen Hinrichtungen gekommen sein.
35 François-Xavier Verschave/Laurent Beccaria, Noir procès. Offense à chefs d'État, Paris 2001.
36 Le Monde, 19.01.2001.

Jahren im Kontext einer gescheiterten Algerienpolitik angesiedelten Versuche, die Stellung des Präsidenten auf Kosten des Parlaments zu stärken, erweisen sich heute als demokratische Schwachstelle. In keinem anderen europäischen Land ist die außen- und afrikapolitische Entscheidungsautonomie des Staatschefs so ausgeprägt wie in Frankreich. Diese Erfahrung hatte in den früher achtziger Jahren auch ein anfänglich reformgewillter François Mitterrand machen müssen, als er bei dem Versuch, den neogaullistischen Einfluss beim staatlichen Ölkonzern ELF-Aquitaine einzudämmen, lernen musste, dass das Austrocknen von "Parallelstrukturen" den gesamten französischen Einfluss in Afrika gefährdet hätte. Der ehemalige, inzwischen zu dreieinhalb Jahren ohne Bewährung verurteilte Chef von Elf Aquitaine, Loik Le Floch-Prigent, erklärt heute, man habe damals zwischen der Außenpolitik der Republik und des Konzerns keinen Unterschied machen können und wollen. Nach seinen Erkenntnissen habe Frankreich, das seit Ende der Sechzigerjahre in der Lage gewesen sei, seinen gesamten Ölverbrauch aus „eigenen" Quellen zu sichern, befreundeten Regimen in Ländern wie Gabun, Kamerun und Kongo-Brazzaville vor allem aus wirtschaftlichen Motiven zur Macht verholfen.[37] In Angola, Nigeria und im Tschad hingegen habe man mehr auf politische Weisung als aus wirtschaftlichem Kalkül gehandelt.[38]

In der auffälligen Affärenanfälligkeit des französischen Afrikaengagements spiegeln sich strukturelle, kurzfristig kaum auf-

---

37 Im Entwicklungsausschuss der OECD haben französische Vertreter eine Diskussion über französische Verwicklungen in Brazzaville mit der Begründung verweigert, die französische Energiepolitik sei nicht Gegenstand des Ausschußmandats.
38 Eine parlamentarische Kontrolle der sieben Geheimdienste, von denen die Direction Generale de la Securite Exterieure (DGSE), die über 4100 Mitarbeiter beschäftigt, der wichtigste ist, kennt die V. Republik nicht. Einem Versuch des Abgeordneten Arthur Paecht (UDF) - "Wir wissen nichts über die Aktivitäten der Geheimdienste. Wir werden nur einmal im Jahr gebeten, über einen Gesamthaushalt abzustimmen, ohne etwas über die geplanten Ausgaben zu erfahren" - dies zu ändern, war kein Erfolg beschieden. Ein entsprechender Gesetzentwurf gelangte, vom sozialistischen Präsidenten des Verteidigungsausschusses, Paul Quilès, unterstützt, nicht auf die Tagesordnung der Nationalversammlung. Frankfurter Allgemeine Zeitung, 02.08.2001.

zulösende Widersprüche.[39] Solange die französische Politik "ihren" Unternehmungen Märkte in Ländern garantieren will, in denen Rentenökonomien und Korruption wenig demokratische Verhältnissen begünstigen, sind die realpolitischen Anreize für eine qualitativ europäisierte, stärker normativ orientierte Afrikapolitik eher gering zu veranschlagen. Das subsaharische Afrika steht weiterhin für etwa 5% des französischen Außenhandels und ist der drittwichtigste außereuropäische Markt französischer Unternehmen. Eine wirtschaftliche Interessen gefährdende französische Südpolitik ist aber unter den skizzierten Umständen auch deshalb nicht zu erwarten, weil in Gabun und Togo mit Omar Bongo[40] und Gnassingbé Eyadema zwei 1967 mit französischer Regierungshilfe an die Macht gekommene Präsidenten regieren, die lange nicht im Verdacht demokratischer Überzeugungen standen.[41]

---

39 Vorwürfe, die geeignet waren, die französische Afrikapolitik insgesamt zu diskreditieren, sind zwischenzeitlich auch gegen den ehemaligen Innenminister und RPF-Vorsitzenden Charles Pasqua laut geworden. In der unter dem Namen Angolagate bekannt gewordene Affäre sah sich Pasqua wegen angenommener finanzieller Verbindungen zu Waffenhändler Falcone in Erklärungsnöten. In der Affäre, in der es um illegale französisch-afrikanische Waffengeschäfte geht, ermittelt die Staatsanwaltschaft. Pasqua war in der Vergangenheit bereits wegen angeblicher Unregelmäßigkeiten bei der Finanzierung seiner Europawahlkampagne 1999 sowie im Zusammenhang mit von ELF bezahlten Flugreisen nach Afrika ins Gerede gekommen. Auch François Mitterrands ältester Sohn Jean Christophe, der seinem Vater 1986-1992 als Afrikaberater des Elysée diente, um sich anschließend selbstständig zu machen, beschäftigte die französische Justiz. Er hat, nachdem er Weihnachten 2001 im Gefängnis verbringen mußte, bevor er gegen eine Kaution von US-$ 715.000 freigelassen wurde, im Anschluss an eine Hausdurchsuchung inzwischen eingeräumt, den französischen Steuerbehörden auf einem Schweizer Bankkonto verbuchte "Provisionen" in Höhe von mehreren Zehntausend Franc verschwiegen zu haben. Gegen den Sohn des ehemaligen französischen Präsidenten wird wegen des Verdachts illegalen Waffenhandels und "influence peddling" ermittelt.
40 Der inzwischen zum Islam konvertierte gabunesische Präsident Omar Bongo besitzt als ehemaliger französischer Geheimdienstmitarbeiter nach wie vor die französische Staatsbürgerschaft und gibt in seinem 2001 veröffentlichten Buch "Blanc comme nègre" indirekt zu verstehen, dass er bei Bedarf in der Lage und willens sei, sein Erpressungswissen zu nutzen.
41 Beide sind inzwischen, nachdem die einschlägigen Verfassungsartikel geändert wurden, Präsidenten auf Lebenszeit.

Obwohl nach wie vor zwei Drittel der französischen Hilfe bilateral (und damit faktisch liefergebunden) vergeben werden[42], hat die französische Politik begonnen, die wachsende Bedeutung multilateraler Hilfe langfristig in Rechnung zu stellen. Es wird interessant sein zu beobachten, welche Langzeitwirkungen der wachsende europäische Kohärenzdruck haben wird. Jüngste Äußerungen des neuen französischen Außenministers Michel Barnier lassen darauf schließen, dass Frankreich auch in Zukunft geneigt sein könnte („Il ne s'agit pas de fusionner nos politiques africaines, mais de faire davantage d'efforts et de le faire ensemble"), an der Tradition kolonial überkommener Nebenaußenpolitiken festzuhalten.[43] Aus nationaler französischer Perspektive kommt eine Stärkung der normativen Elemente europäischer Außenbeziehungen der Ersetzung einer regionalen durch eine thematische Logik gleich. Vereinzelte Überlegungen in diese Richtung gibt es aber bereits: dem französischen Außenministerium liegen vom Centre d'Analyse et de Prévision (CAP) verfaßte Strategiepapiere vor, in denen eine Überarbeitung der Verteidigungsabkommen (etwa mit Kamerun) und eine Aussetzung der Hilfe für jene afrikanische Staaten gefordert wird, die sich militärisch außerhalb der Landesgrenzen engagieren.

3.3 Der Osten und der Süden: Die entwicklungspolitischen Folgen der Osterweiterung

Der jüngst vollzogene EU-Beitritt acht postkommunistischer Staaten macht diese - zusammen mit Malta und Südzypern - zu neuen Geberländern. Zwar wurden die süd- und regionalpolitischen politischen Folgen der Osterweiterung in den Beitrittsverhandlungen nur am Rande thematisiert, aber wie in allen Politikbereichen sind die neuen Mitgliedstaaten gehalten, die die bestehenden Bestim-

---

42 Etwa die Hälfte davon ist für Afrika bestimmt.
43 Michel Barnier, der neue französische Außenminister in einem Interview der Zeitschrift Jeune Afrique, in dem er zugleich einräumt: „Il est exact qu'il n'y a pas encore de véritable réflexion stratégique européenne en direction de l'Afrique. Mais les moyens et les instruments existent, in: Jeune Afrique/L'intelligent (2004) 2274, S. 28-33.

mungen (den sogenannten *acquis communautaire*) in seiner Gesamtheit zu akzeptieren, die Ziele der Union mitzutragen und die Gemeinsame Außen- und Sicherheitspolitik realisieren zu helfen.

Der „inzwischen erreichte entwicklungspolitische Standard"[44] soll erhalten werden. Dies betrifft die Gültigkeit der gemeinsamen Erklärung zur Entwicklungspolitik vom November 2000, die Orientierung an den UN-Millenium-Entwicklungszielen, die Verbesserung der Geberkoordinierung, die Zusammenarbeit mit multilateralen Organisationen und politikfeldübergreifende Kohärenzfragen. Da die Beitrittländer alle Verträge, Gesetze und Verordnungen der EU übernehmen, treten sie auch den zahlreichen Kooperations- und Partnerschaftsabkommen mit den asiatischen und lateinamerikanischen Staaten, den Mittelmeerländern und den AKP-Staaten bei. Zugleich verpflichten sie sich, sich - neben ihrem Beitrag zum EU-Haushalt - an den einzelstaatlich finanzierten Beiträgen zum Europäischen Entwicklungsfonds (EDF) zu beteiligen.[45]

Zwar gibt es bislang keine Vorgaben für die festen Beiträge - das derzeitige Gesamtvolumen von 13,5 Milliarden Euro entspricht etwa 0,15 Prozent des BIP der EU -, aber eine auch nur annähernd proportionale Beteiligung der Neumitglieder würde deren Ausgaben für die Entwicklungszusammenarbeit deutlich ansteigen lassen. Darüber hinaus fallen Ausgaben für die bilaterale Entwicklungshilfe an.[46]

Alle Beitrittsländer leisten bereits öffentliche Entwicklungshilfe. Sie haben eigene entwicklungspolitische Konzeptionen erarbeitet und verabschiedet. In den Außenministerien wurden Abteilungen für Entwicklungszusammenarbeit aufgebaut. Die faktische Zuständigkeiten sind allerdings noch auf mehre Ministerien verteilt.

---

44 Michael Bohnet, Entwicklungspolitische Konzeptionen und Entwicklungszusammenarbeit der EU-Beitrittsländer, in: Entwicklungspolitik (2004) 5-6, S. 26. Für einen länderspezifischen Überblick siehe Léna Krichewsky, Development Policy in the Candidate Countries, Wien 2002.
45 Voraussichtlich ab 2008, da die Laufzeit des 9. EDF 2007 endet.
46 Höhe und Zeitrahmen werden in noch zu führenden Verhandlungen festgelegt. Michael Dauderstädt, EU-Osterweiterung und Entwicklungspolitik, in: Entwicklungspolitik (2003) 14/15, S. 30.

Obwohl die süd- und entwicklungspolitischen Beitrittsfolgen für keinen der neuen EU-Staaten von herausgehobener finanzieller oder politischer Bedeutung sind - die Beitrittsländer wenden gegenwärtig im Durchschnitt nicht mehr als 0,03 Prozent ihres Bruttoinlandsproduktes für die Entwicklungszusammenarbeit auf[47] - dürften sie bestrebt sein, das künftige Außen- und Entwicklungshandeln der EU mit Blick auf eigene regionale Schwerpunkte und politische Prioritäten zu beeinflussen. Von Bedeutung könnte hier sein, dass die Mehrheit der neuen Mitglieder in für sie wichtigen Politikbereichen - etwa in der Landwirtschaftspolitik - in einem auch für die Entwicklungsländer wichtigen Sektor einer protektionistischen Außenhandelspolitik zuneigen könnten.[48]

Absehbar scheint zudem, dass die neuen Mitglieder weniger Verständnis für die traditionellen Strukturen und regionalen Schwerpunkte der EU-Kooperation haben werden. So könnten sie auf eine Ausdehnung der AKP-Kooperation auf alle ärmeren Entwicklungsländern drängen (was der Einbeziehung eigener ehemaliger Partner wie Laos, Vietnam oder Jemen gleichkäme) oder eine verstärkte Zusammenarbeit mit den Ländern des Kaukasus oder Zentralasiens zu forcieren suchen. In der Vergangenheit lagen die regionalen Prioritäten der Neumitglieder im Kaukasus, in Zentralasien, Südost-Europa sowie in ausgewählten Ländern Asiens und Afrikas. Denkbar wäre auch, dass sie - im Rahmen EU-üblicher Paketlösungen - verstärkte gemeinschaftliche Anstrengungen in diesen Regionen zur Voraussetzung für ein verstärktes Engagement in für sie weniger wichtigen Regionen zu machen suchen.

Als ebenso wichtig könnten sich indes die nur mittelbar südpolitisch erklärbaren Folgen der Osterweiterung erweisen.[49] Die Irakkrise hat deutlich gemacht, dass sich die außen und sicherheitspolitische Präferenzen, die sich weitgehend mit historischen Erfahrungen erklären lassen, nicht mit denen des alten Europa decken. Hier könnten auch sekundäre Motive - wie die sicherheitspolitisch motivierte Nähe zu den USA - eine Rolle spielen, da

---

47 Die nationalen ODA/BSP-Quoten liegen zwischen 0,01 und 0,1%, der EU-Durchschnitt bei 0,3 Prozent.
48 http://www.fesbrussels.org/aktuell_ep.htm , 26.03.2003.
49 Michael Dauderstädt, Erweiterung prägt. In: Südwind-Magazin (März 2004) 3, S. 24-25.

die postkommunistischen Staaten ihre eigene Demokratisierung eher als Folge US-amerikanischen Drucks denn als Ergebnis europäischer Koexistenzpolitik begreifen. Da sie selbst in den ehemaligen europäischen Kolonialgebieten, in Vorderasien und im Mittelmeerraum keine ausgeprägten Eigeninteressen haben, könnten sie auch auf eine prinzipienfestere Haltung gegenüber undemokratischen Regimen drängen. Folgen könnten sich auch die europäische Nahostpolitik ergeben, da zumindest Polen und Tschechien auf Grund ihrer eigenen Geschichte geneigt sein könnten, die israelische Annexionspolitik verständiger zu beurteilen als die Mehrheit der EU-Staaten.

4. Für eine Gemeinsame Außen-, Sicherheits- und Entwicklungspolitik (GASEP): Thesen und Reformvorschläge

Die Europäische Union hat sich binnen weniger Jahrzehnte zur drittgrößten politischen Institution der Welt entwickelt. Aus der Agonie der Niederlage geboren ist sie, in den Worten Jeremy Rifkins, weniger ein Ort als ein Prozess, ein diskursives Forum mit orchestrierender Rolle. Ihr potentieller Vorteil - anders als herkömmliche Nationalstaaten eine nicht auf Abgrenzung, sondern auf Integration bedachte Gestaltungsmacht (soft power) zu sein - ist bislang nicht überzeugend realisiert. Sie steht vor der Aufgabe, eine konzeptionelle und institutionenbezogene Antwort auf die Frage zu finden, wie sich - so will es zumindest der Verfassungsentwurf - erstmals in der Geschichte menschliche Anliegen auf die Ebene des globalen Bewusstseins heben lassen.

Hinsichtlich der Gestaltung ihrer künftigen Außen- und Südbeziehungen steht die EU als weltweit „erste postmoderne Regierungsinstitution"[50] vor der Aufgabe, sich abzeichnende internationale Trends, unterschiedliche nationalgeschichtliche Erfahrungen und Wissensbestände sowie die damit einhergehenden Interessen und Selbstauffassungen in kohärentes Außenhandeln überführen zu müssen. Dabei gilt es die Motive und Mittel einzelstaatlichen Machthandelns ebenso zu berücksichtigen wie die institutionelle Architektur und Dynamik eines europäischen Integrationsprozesses, für den es kein historisches Vorbild gibt.

Um dem Anspruch an ein strategisch orientiertes Außen- und Südhandeln in einer sich dynamisch entwickelnden Welt gerecht werden zu können, bedarf es einer zukunftsfesten Klärung

---

50 Jeremy Rifkin, Der europäische Traum. Die Vision einer leisen Supermacht, Frankfurt/M. 2004, S. 218.

des künftigen Verhältnisses von Außen-, Sicherheits- und Entwicklungspolitik(en). Dabei müssen aktuelle politische Prioritäten, normative, themen- und regionenbezogene Gesichtspunkte politikfeldübergreifend integriert werden. Als Kernfrage verbleibt, wie die EU das Verhältnis von integrierten und nationalen Außenbeziehungen gestalten will.

Hinsichtlich der Gestaltung künftiger europäischer Außenbeziehungen sind gegenwärtig, wenn man die Möglichkeit einer bilateralen Renationalisierung einzelstaatlicher Südbeziehungen außer acht lässt, drei Szenarien denkbar. Das Positiv-Szenario sieht eine qualitativ europäisierte Außen- und Entwicklungspolitik auf der Basis zügig vergemeinschafteter Hilfs- und Außenbeziehungen vor. Es hat das Ende nationaler Süd- und Entwicklungspolitiken und verbindlich akzeptierte konzeptionelle und regionale Schwerpunke zur Voraussetzung. Das mittlere Szenario unterstellt eine, weiterhin von nationalen Interessen- und Einflusskalkülen gedämpfte, zögerliche Integrationsbereitschaft. Die Außenbeziehungen der EU entwickeln sich überwiegend auf der Basis verbesserter zwischenstaatlicher Koordinations- und Abstimmungsverfahren, wobei die damit aus gesamteuropäischer Sicht einhergehenden Inkohärenzen billigend in Kauf genommen werden. Das Negativ-Szenario belässt die Gestaltung künftiger Außenbeziehungen maßgeblich im Entscheidungsbereich bilateraler Akteure, die, vorrangig an nationalen Eigeninteressen orientiert, europäische abgestimmte Lösungen südpolitischen Handelns verweigern und bei Bedarf zeitlich befristete, bilateral abgestimmte Zweckbündnisse eingehen.

Die meisten Beobachter sind sich darin einig, dass das Süd- und Entwicklungshandeln der EU in seiner aktuellen, von historischen Präferenzen und nationalen bzw. institutionellen Partikularinteressen geprägten Form, einen mit hohen politischen Kosten verbundenen Kompromiss darstellt.[51] Wenn die EU ihren weltpoli-

---

51 Zur Genese der EU-Entwicklungspolitik siehe Franz Breitwieser, Entwicklungspolitisches Engagement der EU, in: Journal für Entwicklungspolitik 10 (1994) 2, S. 108ff. und Stefan Brüne, L'Allemagne et l'avenir des relations UE-ACP, in: GEMDEV, La Convention de Lomé en questions. Les relations entre les pays d'Afrique, des Caraïbes et du Pacifique (ACP) et l'Union européenne après l'an 2000, Paris 1998, S. 107-119.

tischen Selbstbehauptungsanspruch funktional an ihr Gestaltungspotential als soft power binden will, muss sie das national verantwortete Außenhandeln - zumindest perspektivisch - durch qualitativ europäisierte Strukturen und Verfahren der Entscheidungsfindung zu ersetzen suchen. Die Methode Monnet ist - und die mit ihr verbundene Inanspruchnahme des Subsidiaritätsprinzips für nationale Nebenaußenpolitiken[52] - hat welt-, entwicklungs- und südpolitisch einen abnehmenden Grenznutzen. In dem Maße, in des es gelingt, die Außenbeziehungen der EU an selbsterklärten Zielen auszurichten, werden die überkommenen nationalen Außen- und Entwicklungspolitiken (einschließlich des auf sie zugeschnittenen Institutionengefüges) obsolet.[53]

Dabei ist strategisch von Belang, dass die Europäische Union, die für viele Entwicklungsländer der größte Handelspartner ist, spätestens dem Ende des Ost-West-Konfliktes zu den bedeutendsten entwicklungspolitischen Akteure zählt. Rechnet man die bi- und multilateral vergebenen Hilfen zusammen, dann kommen die Europäische Gemeinschaft - als Region genommen - für mehr als die Hälfte der weltweit vergebenen öffentlichen Entwicklungshilfeleistungen (ODA) auf. Dabei haben sich Planung und Umsetzung der unverändert einzelstaatlich finanzierten „europäischen Entwicklungszusammenarbeit" in den vergangenen Dekaden stetig

---

52 Bezogen auf Teile des französischen Afrikahandelns ließe sich, wie oben gesehen, nicht nur von „high" und „low politics", sondern von „very low politics" sprechen.

53 Der ehemalige Staatssekretär im Bundesministerium für wirtschaftliche Zusammenarbeit und Entwicklung, Volkmar Köhler, fragt zu Recht, welchen Sinn es macht, die bilaterale Zusammenarbeit mit manchem afrikanischen Staat zu reduzieren, wenn zugleich die europäisch verwaltete Cotonou-Zusammenarbeit ihre Fortsetzung findet, die Deutschland zu einem Viertel mitfinanziert. Volkmar Köhler, Wohlklingende Globalziele statt Realismus - Zur Glaubwürdigkeitslücke der gegenwärtigen deutschen Afrikapolitik, Wolfsburg 2001, S. 5 (unveröff. Manuskript). Man kann auch fragen, welchen Sinn es macht, dass das BMZ am Ziel der Halbierung weltweiter Armut bis zum Jahre 2015 festhält, wenn sich gleichzeitig im Bundeskanzleramt Aktennotizen finden, die dieses Ziel für unrealistisch halten. Afrikanische Wissenschaftler gehen davon aus, dass die Halbierung der Armut bis zum Jahr 2015 südlich der Sahara nur für maximal neun Staaten ein realistisches Ziel darstellt.

von den Mitgliedstaaten auf die Gemeinschaft verlagert.[54] 2002 wurde ein Fünftel des derzeitigen Entwicklungshilfeetats der EU - 6,5 Mrd. Euro - von der EU verwaltet, die damit der drittgrößte OECD-Geber war. Hierzu hat, neben dem Niedergang von COMECON und OPEC, auch der Umstand beigetragen, dass die USA, die im jüngsten Commitment to Development Index (CDI) am unter Ende der Skala rangieren[55], ihre weitgehend sicherheitspolitisch motivierten Südhilfen seit 1989 drastisch reduziert haben.

Darüber, dass die Strukturen der von bi- und multilateralen Akteuren verantworteten europäischen Entwicklungszusammenarbeit erneuerungsbedürftig sind und gleichgerichtete Anstrengungen in allen Politikbereichen, die für die Entwicklungsländer von herausgehobener Bedeutung sind, wünschenswert wären, besteht weitgehend Einigkeit. Ebenso unstrittig ist, dass dies - wie es unter dem Stichwort „Entwicklungspolitik" auf den Internetseiten des Auswärtigen Amtes heißt, „nur im Rahmen einer kohärenten Außenpolitik (...), die neben einer nachhaltigen Entwicklungspolitik unter anderem Aspekte der Sicherheitspolitik, der Außenwirtschaftspolitik, der internationalen Finanzpolitik und der Landwirtschaftspolitik berücksichtigt"[56] gelingen kann.

Auf der Suche nach dem dafür erforderlichen policy mix, der spezifisch europäische Erfahrungen und Kenntnisse als Teil eines europäischen Selbstbehauptungsprojektes zu verallgemeinern sucht, geht es weniger um eine Grenzziehung zwischen Außen-, Sicherheits- und anderen Politiken. Wichtiger scheinen institutionelle Garantien für die systematische Berücksichtigung politikfeldgebundener Spezifika. Versuche, die bislang wenig durchsichtigen Außenbeziehungen Europas neu zu ordnen, setzen eine

---

54 Ein ständig wachsender Anteil der aus den nationalen Haushalten finanzierten öffentlichen EU-Entwicklungszusammenarbeit (1970: 7%, 1990: 13% und 1997: 18%) wird von der Europäischen Kommission verwaltet und vergeben.
55 Zu den zehn Ländern, die am besten abschnitten, zählten neun europäische Staaten. Von den 21 reichsten Ländern wurde nur Japan schlechter bewertet als die USA. Ranking the Rich, in: Foreign Policy (2003) Mai/Juni, S. 57-58. Siehe auch David Lennon, The European Union: A Leader in Humanitarian and Development Assistance, in: Robert J. Guttman, Europe in the New Century: Visions of an Emerging Superpower, Boulder 2001, S. 131.
56 www.auswaertigesamt.de/www/de/ausenpolitk/aussenwirt.../entwicklungspol_htm 29.08.02

Verständigung über das relative Gewicht existierender Politikfelder voraus.[57] Dies könnte im Rahmen einer - um entwicklungspolitische Gesichtspunkte - ergänzten Gemeinsamen Außen- Sicherheits- und Entwicklungspolitik (GASEP) gelingen, die den komparativen Vorteil europäischen Außen- und Entwicklungshandelns (eine von klassischem Machthandeln unterschiedene gesellschaftspolitische Gouvernanzperspektive) in Wert zu setzen sucht. Dies käme dem Abschied von gängigen Versuchen, Entwicklungspolitik mittels immer neuer Neu- und Umdefinitionen für nationale und tagespolitische Bedarfe zu instrumentalisieren, gleich. Jüngere Vorschläge, etwa des Entwicklungshilfeausschusses der OECD, die Kriterien der statistischen Zurechnung von öffentlichen Entwicklungshilfegeldern zu überdenken, führen in die Irre.[58] Statt dessen erscheinen institutionelle Arrangements, die - zuverlässig einklagbar - die systematische Berücksichtigung entwicklungspolitischer Langzeitperspektiven an die Handlungsmöglichkeiten einer sich auch als soft power verstehenden Europäischen Union binden, wünschenswert. Diese sollten - zumindest mittelfristig - mit der Überführung nationaler Entwicklungsinstitu-

---

57 Die Financial Times kommentierte die Bildung und Zusammensetzung der neuen EU-Kommission: "The messiest part of Mr Barroso's share-out is on the foreign side, with the division of this area into three jobs: enlargement, dealing with EU's near neighbours and external relations, and development aid." Financial Times, 11. 08. 2004.
58 Der Ausschuß empfiehlt eine „Revision der Zurechnungskriterien für öffentliche Entwicklungshilfe" und sieht vor, künftig auch für Maßnahmen der Terrorismusbekämpfung vorgesehene Gelder als öffentliche Entwicklungshilfe ausweisen zu können. Dies würde die Prioritäten und Mittelbindung europäischer Entwicklungszusammenarbeit entscheidend verändern. Auf der Tagungsordnung für die Februarsitzung (11./12. 2. 2004) fand sich - offenbar mit Zustimmung der EU und ihrer Mitgliedstaaten - der nicht veröffentlichte Vorschlag, künftig bei der Neu-Zurechnung von Entwicklungshilfe („Eligibility Criteria") auch Aufwendungen für Anti-Terror Maßnahmen als öffentliche Entwicklungshilfe geltend machen zu können. Bereits Anfang Oktober 2003 hatte die OECD ihre Vorstellungen dem Papier „A Development Co-operation Lens in Terrorism Prevention: Key Entry Points für Action" OECD, Paris, 09.10.2003. „Die Bekämpfung von Terrorismus und Armut sind nicht das Gleiche", empörte sich der Dachverband der britischen Nichtregierungsorganisationen BOND und der Direktor des ODI überschriebenen diesbezüglichen Artikel Maxwell, „A lost battle ..., in: Zeitschrift Entwicklungspolitik (2004) 3, S. 14.

tionen in supranationale Strukturen einhergehen, wobei in geeigneter Form sicherzustellen wäre, dass diese nicht zum einem Anhängsel klassischer high politics werden. Eine zukunftsfeste europäische Entwicklungspolitik hat die Überwindung nationalstaatlichen Machtdenkens und die strategische Orientierung an künftigen gesellschaftlichen Entwicklungen in den Ländern des Südens zur Voraussetzung. Hier bestünde - im Rahmen einer im einzelnen noch zu konzipierenden GASEP die Möglichkeit, spezifisch europäische Anliegen und Erfahrungen international strategisch in Wert zu setzen.

Dabei könnte sie sich von den folgenden Einsichten und Vorschlägen leiten lassen:

1. Die Entwicklungszusammenarbeit der Europäischen Union bedarf einer grundlegenden Reform. In seiner gegenwärtigen Form verursacht das zwischen den Mitgliedstaaten sowie zwischen der Kommission und den Mitgliedstaaten nur unzulänglich abgestimmte Entwicklungshandeln vermeidbare politische und ökonomische Kosten. Erhebliche Glaubwürdigkeitsprobleme - innerhalb und außerhalb Europas - sind die Folge.

2. Angesichts sich abzeichnender Verschiebungen des internationalen Macht- und Beziehungsgefüges erfordert das um mehr Gemeinsamkeit bemühte europäische Außen- und Entwicklungshandeln einer politikfeldübergreifenden Neubegründung. Dabei gilt es die Kurzfristorientierungen einzelstaatlichen Machthandelns zu überwinden und den sich abzeichnenden ökonomischen und weltpolitischen Bedeutungszuwachs heutiger Entwicklungs- und Schwellenländer in Rechnung zu stellen.

3. Entwicklungszusammenarbeit ist ein politisch nachgeordnetes Politikfeld, über dessen Zukunft noch nicht entschieden ist. Sie ist kein öffentliches internationales Gut. Es ist unrealistisch anzunehmen, aus Solidarität mit „dem Süden" würde „der Norden" Politiken verfolgen, die er trotz anderer wichtiger Gründe nicht verfolgt. Solidarität kann Makropolitiken nur am Rande beeinflussen. Die Inflation wohlklingender Ziele (Armutsbekämpfung, Krisenprävention, entwicklungsorientierte Drogenkontrolle, HIV-

Aids-Bekämpfung etc.) steht in einem krassen Missverhältnis zu den operativen Möglichkeiten des politisch nachgeordneten Politikfeldes.

4. Unrealistische Zielsetzungen, ein verbreiteter „do everything approach" sowie ein noch immer überwiegend national verfasstes Südhandeln bedürfen der Korrektur. Rhetorisch eindrucksvolle Kohärenzagenden sind nur dann zielführend, wenn sie mit zeitlich gestaffelten Stufenplänen verbunden werden, die die Identifizierung maßgeblicher einzelstaatlicher Interessen zur Grundlage von der Überwindung machen. Dabei ist aus gesamteuropäischer Perspektive von Belang, dass es sich bei acht der (bis Mai 2003) fünfzehn EU-Mitgliedstaaten um ehemalige Kolonialmächte handelt, die angesichts historischer und sprachlicher Gemeinsamkeiten bilaterale Sonderbeziehungen zu ihren ehemaligen Besitzungen pflegen. Diese stehen bislang , die - etwa mit Blick auf Gute Regierungsführung oder Demokratieförderung - in einem problematischen Spannungsverhältnis zu vertraglich vereinbarten Gemeinschaftspolitiken.

5. Ein interessenbezogener entwicklungspolitischer Dialog zwischen den Geberstaaten ist überfällig. Europäische Südpolitik ist Politik - und damit widersprüchlich. Sicherheitspolitische, außenwirtschaftliche, außenpolitische und entwicklungspolitische Anliegen und Interessenlagen lassen sich nur im Idealfall zur Deckung bringen. Es bedarf regionaler und politischer Prioritäten, die geeignet sind, klassisches Machthandeln mit den potentiellen Einflussvorteilen eines sich als soft power verstehenden Europas zu verbinden.

6. Hinreichend legitimierte innereuropäische Foren, die nationale Interessenlagen (und die damit verbundenen staats- außenpolitische Denktraditionen) nicht ausklammern, sondern im Rahmen von Stufenplänen in Rechnung stellen, könnten ein erster Schritt zur überfälligen qualitativen Europäisierung europäischen und Entwicklungshandelns sein. Ein zukunftsorientiertes Außen- und Südhandeln der Europäischen Union und ihrer Mitgliedstaaten

erfordert vorausschauende Planungen und Analysen, die nicht kurzfristigen Opportunitätskalkülen unterworfen sind.

7. Es bedarf neuer Ideen. Die im Cotonou-Vertrag geforderte partnerschaftliche Kultur ließe sich durch eine allen Entwicklungsländern angebotene asymmetrische „Konditionalität auf Gegenseitigkeit" weiterentwickeln. Diese könnte an dem Prinzip der Kontraktualität festhalten, indem sie beiden Seiten politisch und entwicklungspolitisch gebotene Zugeständnisse abverlangt. So könnten etwa innereuropäisch abgestimmte Zeit- und Stufenpläne zur Abschaffung der Lieferbindung oder der stufenweise Abbau subventionierter Agrarexporte mit politischen und wirtschaftlichen Zugeständnisse auf Entwicklungsländerseite verknüpft werden. Letztere ließen sich mit Zuwendungen aus einem Fonds belohnen, um dessen Mittel sich potentielle staatliche und nichtstaatliche Nutznießer bei Vorliegen präzise definierter Voraussetzungen (Demokratisierungsfortschritte, Menschenrechtspolitik etc.) bewerben könnten. Übertragen ließe sich ein solches Modell auch auf politisch-institutionellen Bereich. Paritätisch besetzte Gremien, deren Unabhängigkeit in geeigneter Form sicherzustellen wäre, könnten - mit Hilfe von Sanktionsklauseln - über die Vertragstreue beider Seiten wachen.

Annex

Mandat der Gruppe VII („Außenpolitisches Handeln") des Europäischen Konvents

1. Wie sind die Interessen der Union zu bestimmen und auszuarbeiten?

2. Wie kann die Kohärenz des Handelns der Union durch die Koordinierung aller dieser zur Verfügung stehenden Instrumentarien (einschließlich der Entwicklungshilfe, der humanitären Hilfe, der finanziellen Unterstützung, der Handelspolitik usw.) sichergestellt werden?

3. Wie kann gewährleistet werden, dass der Beschlussfassungsprozess der Union es ihr ermöglicht, schnell und wirksam auf der internationalen Bühne tätig zu werden? Inwieweit könnte die Anwendung der Gemeinschaftsmethode auf andere Tätigkeitsbereiche ausgedehnt und wirksamer gestaltet werden? Inwieweit könnte ein flexiblerer Umgang mit der Einstimmigkeitsregel vorgesehen werden?

4. Welche Lehren lassen sich aus den Erfahrungen mit dem neu geschaffenen Posten des Hohen Vertreters der GASP ziehen? Welcher Handelsspielraum kann diesem zugestanden werden? Wie kann sichergestellt werden, dass ihm die erforderlichen Ressourcen, auch finanzieller Art, zur Verfügung stehen?

5. Auf welche Weise müssten die Regelungen für die Außenvertretung für die Union geändert werden, um den Einfluß der Union auf internationaler Ebene zu verstärken? Wie kann ein besseres Zusammenspiel des diplomatischen Vorgehens der Union und der Mitgliedstaaten bewirkt werden?

Quelle: Der europäischer Konvent, Das Sekretariat, Mandat der Gruppe VII (Außenpolitisches Handeln), Anhang, CONV 206/02.

Chronologie europäischer Außenbeziehungen (1950-2008)

Jahr	Entwicklungspolitik	Außen- und Sicherheitspolitik
1950-1954		Pleven-Plan: Versuch der Gründung einer Europäischen Verteidigungsgemeinschaft (EVG). EVG scheitert 1954 am Widerstand der französischen Nationalversammlung
1957	Römische Verträge: EG-AKP- Assoziationsstatus wird festgeschrieben – Solidarität mit den Kolonien und Überseeterritorien (31 AKP-Staaten)	
1959	1. Europäischer Entwicklungsfond (EEF)	
1960-1962		Fouchet-Pläne: Versuch der Gründung einer politischen Union mit gemeinsamer Außen- und Sicherheitspolitik. Verhandlungen scheitern 1962
1963	Yaoundé-I Abkommen: Partnerschaftsabkommen der EG-Mitglieder mit 18 Entwicklungspartnerländern (AKP-Staaten) - kolonial begründete Präferenzpolitik	
1964	2. Europäischer Entwicklungsfond	
1969	Yaoundé-II Abkommen (18+1+3 AKP-Staaten)	
1970	3. Europäischer Entwicklungsfond	Davignon-Bericht: Europäische Politische Zusammenarbeit (EPZ) wird gegründet. Sie basiert auf einem informellen Konsultations- und Kooperationsverfahren der Regierungen. Durch gegenseitige Unterrichtung soll Harmonisierung der außenpolitischen Standpunkte der Mitgliedsländer erreicht werden.
1971	Einführung des allgemeinen Präferenzsystems (Zollausnahmen oder Ermäßigungen für die Entwicklungsländer auf bestimmte Produkte)	
1975	Lomé-I Abkommen (46 AKP-Staaten): Neuerungen: Nach EU-Beitritt Großbritanniens wird Geltungsbereich der europäischen Assoziierungspolitik auf die ehemaligen britischen Kolonien ausgeweitet); nicht-reziproke Präferenz der Exporte aus AKP-Staaten; 4. Europäischer Entwicklungsfond	

1976	Erstmals technische und finanzielle Hilfe der EU an die Entwicklungsländer Asiens und Lateinamerikas (ALA-Staaten), Entwicklungskooperation wird durch bilaterale Abkommen geregelt	
1979	Lomé-II Abkommen (57 AKP-Staaten): Neuerungen: SYSMIN-System	
1980	5. Europäischer Entwicklungsfond	
1984	Lomé-III Abkommen (66 AKP-Staaten): Neuerungen: Schwerpunktwechsel von Industrieförderung zu Selbstversorgung und Partizipation	
1985	6. Europäischer Entwicklungsfond	
1986		Einheitliche Europäische Akte: Institutionalisierung der Verfahren der EPZ in den Verträgen der Gemeinschaft; Installierung eines EPZ-Sekretariates in Brüssel.
1989	Lomé-IV Abkommen (70 AKP-Staaten): Neuerungen: Betonung von Menschenrechten, Demokratie und Good Governance, erstmalig: Dauer 10 Jahre	
1990	7. Europäischer Entwicklungsfond	
1991	Vertrag von Maastricht: Erstmals rechtliche Grundlage der gemeinsamen Entwicklungspolitik	Vertrag von Maastricht/ GASP-Gründung: Die Gemeinsame Außen- und Sicherheitspolitik (GASP) ersetzt die EPZ. Ziel einer „gemeinsamen Sicherheitspolitik". Neuerungen: Schaffung einer intergouvernementalen zweiten Säule der EU als Rahmen für die GASP; WEU wird zum militärischen Arm der EU.
1992		Petersberg-Erklärung: Die WEU verabschiedet die Petersberg-Aufgaben (humanitäre Aufgaben und Rettungseinsätze; friedenserhaltende Aufgaben; Kampfeinsätze bei der Krisenbewältigung) als neuen Aufgabenkatalog.
1995	8. Europäischer Entwicklungsfond	
1996	MEDA-Programm: Im Anschluss an die Deklaration von Barcelona zwischen der EU und den Mittelmeeranrainerstaaten festgelegtes Finanzierungsinstrument für die Europa-Mittelmeer-Partnerschaft (Ziel: Freihandelszone bis 2010)	

1997		Vertrag von Amsterdam: Vertragliche Konkretisierung und Weiterentwicklung der GASP. Neuerungen: Hoher Vertreter für die GASP; Integration der Petersberg-Aufgaben in den EU-Vertrag; Strategieplanungs- und Frühwarneinheit.
1998	.	St. Malo/britisch-französischer Gipfel: Gemeinsames Bekenntnis zu europäischer Sicherheitsstrukturen eröffnet Weg zu einer Europäischen Sicherheits- und Verteidigungspolitik
1999		Europäischer Rat/ Köln: Europäischer Rat beschließt Aufbau einer eigenständigen und operativen europäischen Sicherheits- und Verteidigungspolitik
		Europäischer Rat/Helsinki: EU Headline Goal: Festlegung eines europäischen Planziels für militärische Einsätze im Rahmen der Petersberg-Aufgaben (Ziel bis 2003: 60 000 Soldaten in max. 60 Tage für einjährigen Einsatz)
2000	Konvention von Cotonou: (zwischen 15 EU-Staaten und 77 AKP-Staaten) Neuerungen: Anpassung an WTO-Konventionen; Miteinbeziehung von Asiatischen und Lateinamerikanischen Staaten; Ordnungs- und demokratiepolitischer Standards; fünf Säulen-Modell: Stärkung der politischen Dimension der Zusammenarbeit, Beteiligung der Zivilgesellschaft, effizientere Formen der Armutsbekämpfung, zeitlich gestreckte Liberalisierungsmaßnahmen und Reform der finanziellen Zusammenarbeit. Dauer: 20 Jahre; "New European Development Policy"	Europäischer Rat/ Feira: Konkretisierung der nicht-militärischen Krisenbewältigung: Festlegung von vier Prioritäten (Polizei, Rechtsstaats- und Zivilverwaltungspersonal, Katastrophenschutzfähigkeiten) und eines gemeinsamen Planziels (bis 2003: 5000 einsatzbereite Polizeikräfte, davon 1000 in 30 Tagen)
	9. Europäischer Entwicklungsfond MEDA II	Vertrag von Nizza: Die Europäische Sicherheits- und Verteidigungspolitik (ESVP) wird offizieller Teil der GASP. Die ESVP umfasst alle sicherheitsrelevanten Fragen der EU, inklusive der „Festlegung einer gemeinsamen Verteidigungspolitik". Neuerungen: Überführung der WEU-Institutionen und Kapazitäten

		in EU (Ausnahme: Beistandsverpflichtung); Verfahren der „verstärkten Zusammenarbeit" im Bereich der GASP (nicht ESVP); Ständiges Komitee für politische und Sicherheitsfragen, Militärausschuss, Militärstab.
2001	Gründung von EuropeAid (Amt für Zusammenarbeit): für den Einsatz des für die Außenhilfe geschaffenen Instrumentariums der Kommission; Verkündung der „Everything-but-Arms-Initiative" (befreit die Exporte [außer Waffen] der 49 Least Developed Countries [nach UN-Klassifikation] in die Gemeinschaft von Zöllen, Abgaben und Einfuhrquoten)	Europäischer Rat/Laeken: Europäischer Rat stellt „Einsatzfähigkeit" der europäischen Krisenbewältigungskräfte fest.
2002	Entwicklungsministerrat wird aufgelöst	Verteidigungsministerrat tagt zum ersten Mal in Brüssel
2003		Bosnien-Herzegowina/ Mazedonien/ Kongo: EU übernimmt UNO-Mission in Bosnien-Herzegowina (Polizeimission), NATO-Mission in Mazedonien (Operation „Concordia"; erste militärische Operation der ESVP) und UNO-Friedenmission im Kongo („Operation Artemis"; erster EU-Kriseneinsatz außerhalb Europa).
		Abschluss des Europäischen Konvents: Konvent verabschiedet Entwurf für Verfassungsvertrag der EU. Neuerungen: Europäischer Außenminister, Solidaritätsklausel, Verfahren der „engeren" und „strukturierten Zusammenarbeit", Europäisches Amt für Rüstung, Forschung und militärische Fähigkeiten.
		Entwurf für eine europäische Sicherheitsstrategie: Javier Solana legt Entwurf einer eigenständigen europäischen Sicherheitsdoktrin vor. Basierend auf Bedrohungsanalyse definiert die Strategie drei strategische Ziele der EU und benennt Konsequenzen für europäische Politik.
2004	Evaluierung des Cotonou-Programms und des 9. Europäischen Entwicklungsfonds	

2005	10. Europäischer Entwicklungsfond	
2006	Finanzpolitisches Ziel: 0,39%-Marke ODA/BSP	
2008	WTO-Waiver bezüglich Handelspräferenzen für die AKP-Staaten läuft aus, Neuverhandlung	

Quellen: Stefanie Flechtner, Neue Impulse in der europäischen Außen- und Sicherheitspolitik. Der Verfassungsentwurf des Konvents und die Sicherheitsstrategie von Solana, in: Eurokolleg (2003) 48; Sven Grimm, The Future of European Development Cooperation, in: Nord-Süd aktuell 17 (2003) 4, S. 665-667; www.europa.eu.int.; www.europa-digital.de; eigene Zusammenstellung.

Öffentliche Entwicklungshilfe der Mitgliedsländer des OECD-Ausschusses für Entwicklung (2002-2001)

Netto in Mio.US $	2002		2001		Veränderung in %
	ODA	ODA/BSP	ODA	ODA/BSP	2001 zu 2002
Australien	989	0,26	873	0,25	4,9
Österreich	520	0,26	533	0,29	-8,4
Belgien	1 072	0,43	867	0,37	14,8
Kanada	2 006	0,28	1 533	0,22	31,2
Dänemark	1 643	0,96	1 634	1,03	-5,8
Finnland	462	0,35	389	0,32	11,5
Frankreich	5 486	0,38	4 198	0,32	22,1
Deutschland	5 324	0,27	4 990	0,27	-0,2
Griechenland	276	0,21	202	0,17	25,5
Irland	398	0,40	287	0,33	25,7
Italien	2 332	0,20	1 627	0,15	32,6
Japan	9 283	0,23	9 847	0,23	-1,2
Luxemburg	147	0,77	139	0,76	0,2
Niederlande	3 338	0,81	3 172	0,82	-3,3
Neuseeland	122	0,22	112	0,25	-1,1
Norwegen	1 696	0,89	1 346	0,80	12,7
Portugal	323	0,27	268	0,25	9,2
Spanien	1 712	0,26	1 737	0,30	-10,3
Schweden	1 991	0,83	1 666	0,77	10,9
Schweiz	939	0,32	908	0,34	-5,0
Großbritannien	4 924	0,31	4 579	0,32	0,0
USA	13 290	0,13	11 429	0,11	15,0
DAC-Länder insgesamt	58 274	0,23	52 335	0,22	7,2
Länderdurchschnitt		0,41		0,39	

Quelle: OECD-DAC, Statistical Tables, Paris 2004.

Öffentliche Entwicklungshilfe der Mitgliedsländer des OECD-Ausschusses für Entwicklung (1960-2000)

	1960	1965	1970	1975	1980	1985	1990a)	1995	2000
Australien	59	119	212	552	667	749	955	1 194	987
Österreich	0	11	11	79	178	248	168	620	440
Belgien	101	102	120	378	595	440	889	1 034	820
Kanada	65	97	337	880	1 075	1 631	2 470	2 067	1 744
Dänemark	5	13	59	205	481	440	1 171	1 623	1 664
Finnland	-	2	7	48	111	211	846	388	371
Frankreich	823	752	735	1 493	2 889	3 134	7 163	8 443	4 105
Deutschland	224	456	599	1 689	3 567	2 942	6 320	7 524	5 030
Griechenland	-	-	-	-	-	-	-	-	226
Irland	-	-	-	8	30	39	57	153	234
Italien	77	60	147	182	683	1 098	3 395	1 623	1 376
Japan	105	244	458	1 148	3 353	3 797	9 069	14 489	13 508
Luxemburg	-	-	-	-	5	8	25	65	123
Niederlande	35	70	196	608	1 630	1 136	2 538	3 226	3 135
Neuseeland	-	10	14	66	72	54	95	123	113
Norwegen	5	11	37	184	486	574	1 205	1 244	1 264
Portugal	-	-	-	-	4	10	142	258	271
Spanien	-	-	-	-	162	169	965	1 348	1 195
Schweden	7	38	117	566	962	840	2 007	1 704	1 799
Schweiz	4	12	30	104	253	303	750	1 084	890
Großbritannien	407	472	482	904	1 854	1 530	2 638	3 202	4 501
USA	2 760	4 023	3 153	4 161	7 138	9 403	11 394	7 367	9 955
DAC- Länder insgesamt	4 676	6 489	6 713	13 254	26 195	28 755	52 730	58 780	53 749

(a) Including debt forgiveness of non-ODA claims, except for total DAC.

Quelle: OECD-DAC, Statistical Tables, Paris,2004.

Paradigmengeschichte der internationalen Entwicklungszusammenarbeit (1949-2002)

Donor Coordination	Aid Selectivity	African Reforms	Focus on Poverty
"[Foreign aid] should be a cooperative enterprise in which all nations work together through the United Nations and its specialized agencies." (US President H. Truman, 1949)	"Objective No. 1: To apply stricter standards of selectivity…in aiding developing countries." (US President J.F. Kennedy, 1963)	"Many African governments are more clearly aware of the need to take major steps to improve the efficiency…of their economies." (World Bank, 1983)	"[The aid community must] place far greater emphasis on policies and projects which will begin to attack the problems of absolute poverty." (World Bank President R. McNamara, 1973)
"Aid coordination…has been recognized as increasingly important." (World Bank, 1981)	"The relief of poverty depends both on aid and on the policies of the recipient countries." (Cassen Development Committee Task Force, 1985)	"African Countries have made great strides in improving policies and restoring growth." (World Bank, 1994)	"The Deputies encouraged an even stronger emphasis on poverty reduction in [the International Development Association's] programs." (Former World Bank Managing Director Ernest Stern, 1990)
"We should improve coherence through better coordination of efforts amongst international institutions and agencies, the private sector and civil society." (World Bank President James Wolfensohn, 2002)	"[The International Development Association] should increase its selectivity…by directing more assistance to borrowers with sound policy environments." (International Development Association, 2001)	"Africa's leaders…have recognized the need to improve their policies, spelled out in the New Partnership for African Development." (World Bank, 2002)	"The Poverty Reduction Strategy Paper aims at …increasing the focus of…assistance on the overarching objective of poverty reduction." (International Development Association, 2001)

Quelle: William Easterly, The cartel of good intentions. Foreign aid bureaucracy, in: Foreign Policy (2002) 131, S. 40-50.

Erklärung des Rates und der Kommission zur Entwicklungspolitik der Gemeinschaft (Zusammenfassung)

Die Europäische Union spielt in der Entwicklungspolitik eine herausragende Rolle. Sie bringt die Hälfte der weltweit geleisteten öffentlichen Hilfe auf und ist für viele Entwicklungsländer der wichtigste Handelspartner. Mit dieser Erklärung geben der Rat und die Kommission ihrem Willen Ausdruck, die Solidarität der Gemeinschaft mit diesen Ländern im Rahmen einer die Menschenrechte, die demokratischen Grundsätze, die Rechtsstaatlichkeit und die verantwortungsvolle Staatsführung wahrenden Partnerschaft zu bekräftigen und einen Prozess der Erneuerung ihrer Entwicklungspolitik einzuleiten, bei der das Streben nach verstärkter Wirksamkeit in Zusammenarbeit mit den übrigen Akteuren der Entwicklungspolitik auf internationaler Ebene sowie die Zustimmung der eigenen Bürger grundlegende Faktoren sind.

Wichtigstes Ziel der Entwicklungspolitik der Gemeinschaft ist die Minderung und letztendlich die Beseitigung der Armut. Armut, die stets auch eine potentielle Gefährdung beinhaltet, hat viele Ursachen. Die Gemeinschaft ist deshalb entschlossen, Strategien zur Eindämmung der Armut zu unterstützen, die diese verschiedenen Dimensionen einbeziehen und sich auf eine Analyse der jedem Entwicklungsland eigenen Zwänge und Möglichkeiten stützen. Diese Strategien müssen einen Beitrag leisten zur Stärkung der Demokratie, zur Festigung des Friedens und zur Verhütung von Konflikten, zu einer schrittweisen Integration in die Weltwirtschaft, zu einer stärkeren Berücksichtigung der sozialen und ökologischen Aspekte im Hinblick auf eine nachhaltige Entwicklung, zur Gleichberechtigung von Männern und Frauen und zur Verbesserung der Fähigkeiten der öffentlichen und privaten Akteure. Es wäre dafür Sorge zu tragen, dass sich die Partnerländer diese Strategien zu Eigen machen und sie in einen Dialog zwischen Staat und Bürgergesellschaft einfließen lassen.

Die Gemeinschaft wird sich auf sechs ausgewählte Bereiche konzentrieren, in denen Maßnahmen der Gemeinschaft einen zusätzlichen Nutzen bewirken und zur Minderung der Armut beitragen können: Zusammenhang zwischen Handel und Entwicklung; regionale Integration und Kooperation; Unterstützung makro-ökonomischer Politiken und Förderung eines gerechten Zugangs zu sozialen Diensten; Transport; Ernährungssicherheit und nachhaltige ländliche Entwicklung; Ausbau der institutionellen Kapazitäten. Die Gemeinschaft wird ihr Augenmerk systematisch auf die Menschenrechte, den Umweltschutz, die Gleichberechtigung von Männern und Frauen und die verantwortungsvolle Staatsführung richten.

Die Entwicklungspolitik der Gemeinschaft ist an alle Entwicklungsländer gerichtet. Was die Verteilung der Ressourcen anbelangt, so wird den am wenigsten entwickelten Ländern und den übrigen Ländern mit niedrigem Einkommen besondere Aufmerksamkeit zuteil werden, wobei ihren Bemühungen zur Minderung der Armut, ihrem Bedarf, ihren Leistungen und ihrer Aufnahmefähigkeit Rechnung getragen wird. Auch in den Ländern mit mittlerem Einkommen, in denen noch ein großer Teil der Bevölkerung in Armut lebt, werden Strategien zur Minderung der Armut gefördert.

Im Interesse einer größtmöglichen Effizienz werden die Gemeinschaft und ihre Mitgliedstaaten ihre Politiken und Programme untereinander koordinieren. Insbesondere im Rahmen der länderbezogenen Strategien werden sie daraufhinarbeiten, dass sich die Aktionen sowohl innerhalb der Union als auch in Bezug auf die übrigen Geber besser einander ergänzen. Bei einem kohärenten Vorgehen kann den Zielen der Entwicklungspolitik der Gemeinschaft in den anderen gemeinsamen Politikbereichen besser Rechnung getragen werden.

Der Rat unterstützt die Kommission bei ihren Bemühungen um eine effizientere Verwaltung der externen Hilfe der Gemeinschaft. Relevant sind hier insbesondere die derzeitige Umstrukturierung der Dienststellen der Kommission, der höhere Stellenwert der Planung, ergebnisorientierte Programme, die Entwicklung einer Evaluierungspraxis, die Einleitung eines Entflechtungs- und Dezentralisierungsprozesses und die Neuausrichtung der Aufgaben der Verwaltungsausschüsse auf die strategischen Aspekte der Zusammenarbeit. Die Kommission hat eine Vereinfachung der Finanzregelung und eine bessere Personalausstattung gefordert. Dies muss gefördert werden.

Diese Erklärung zur Entwicklungspolitik der Gemeinschaft muss mit einem Aktionsplan der Kommission mit den entsprechenden Durchführungsmodalitäten einhergehen. Es wird ein kontinuierliches Follow-up, insbesondere in Form jährlich vorzulegender Berichte, geben.

Quelle: Rat der Europäischen Union, Erklärung des Rates und der Kommission zur Entwicklungspolitik der Europäischen Gemeinschaft, Brüssel 16. November 2000.

Literaturverzeichnis

ACP-EU Courier, Special Issue: Cotonou Agreement, ACP_EU Partnership Agreement signed in Cotonou on 23 June 2000. Brüssel 2000

ACP: ACP Group Negotiating Mandate, ACP/28028/98, Rev. 2 Neg., Brussels, September 1998

ACP: The Libreville Declaration. Brussels 1997

Alliance 2015: 2015-Watch. The EU's contribution to the Millenium Development Goals. The Hague 2004

Adam, Christopher/Gérard Chambas/Patrick Guillemont/Sylviane Guillaumont Jeanneney/Jan Willem Gunning: Performance-Based Conditionality: A European Perspective. In: World Development 32 (2004) 6, S. 1059-1070

Alter, Karen J.: The European Union's Legal System and Domestic Policy Spillover or Backlash? International Organization 54 (Summer 2000) 3, S.489-518

Anderson, Benedict: Die Erfindung der Nation. Zur Karriere eines folgenreichen Konzepts. Berlin 1998

Ansprenger, Franz: Wie unsere Zukunft entstand. Von der Erfindung des Staates zur internationalen Politik - ein kritischer Leitfaden. Schwalbach/Ts. 2000

Arvin, Mak/Joshua Price/Bruce Cater: Are There Country Size and Middle-Income Biases in the Provisions of EC Multilateral Foreign Aid?. In: The Journal of Development Research 13 (2001) 2, S. 49-57

Asante, S.K.B.: The European Union - Africa-Carribean-Pacific (ACP), Lomé Convention: Expectations, reality and the challenges of the 21st century. In: Africa Insight 4 (1996) 4, S. 381-391

Ashoff, Guido: Verbesserung der Kohärenz zwischen Entwicklungspolitik und anderen Politiken. Bonn 2002 (Deutsches Institut für Entwicklungspolitik, Analysen und Stellungnahmen, 1)

----: The EU's and OECD's Overlapping Policy Coordination Mandates in Development Cooperation: The Potential for Synergies. In: NORD-SÜD aktuell 14 (2000) 2, S. 304-317

----: Der Entwicklungshilfeausschuss der OECD und die deutsche Entwicklungszusammenarbeit: Ein Verhältnis auf dem Prüfstand. Bonn 2000

Aussaresses, Paul: Services spéciaux - Algerie 1955-1957. Paris 2001

Badie, Bertrand/Marie-Claude Smouts: Le retournement du monde. Sociologie de la scène internationale. Paris 1999

----: La diplomatie des droits de l'homme. Entre éthique et volonté de puissance. Paris 2002

Badinter, Robert: Une construction européenne. Paris 2002

Baehr, Peter/Monique Castermans-Holleman/Fred Grünfeld: Human Rights in the Foreign Policy of the Netherlands. Antwerpen-Oxford-New York 2002

Bagayoko-Penone, Niagalé: Afrique: les stratégies française et américaine. Paris 2003

Bahr, Egon: Deutsche Interessen. Streitschrift zu Macht, Sicherheit und Außenpolitik. München 1998

Battistella, Dario: La notion d'intérêt national. In: Thierry de Montbrial: Théories des Relations Internationales. Paris 2003, .S. 41-58
----: L'action et le système du monde. Paris 2002
Baverez, Nicolas: La France qui tombe. Paris 2003
Bayart, Jean François: Le gouvernement du monde. Une critique politique de la globalisation. Paris 2004
----: Commentary: Towards a new start for Africa and Europa. In: African Affairs 103 (2004) 412, S. 453-458
----: Afrikas Dynamik und Europas Politik, und wo bleibt die deutsche Afrikawissenschaft? In: afrika spectrum 38 (2003) 3 , S. 409-413
----: L'illusion identitaire. Paris 2000
----: Bendjebbar, André: Histoire Secrète de la Bombe Atomique Française. Paris 2000
Elliot Berg: Why Aren't Aid Organizations Better Learners? Paper presented at the EGDI seminar "What do Aid Agencies and their Co-operating Partners Learn from their Experiences?", 24 August 2000
BMZ Spezial Nr. 73, Harmonisierung von Geberpraktiken in der deutschen Entwicklungszusammenarbeit - Aktionsplan. April 2003
Betz, Joachim: Die Entwicklungspolitik der rot-grünen Bundesregierung. In: Das Parlament (2001) B 18-18, S. 30-38.
Bock, Hans Manfred: Wechselseitige Wahrnehmung als Problem deutsch-französischer Beziehungen. In: Marieluise Christadler et al. (Hg.): Frankreich Jahrbuch 1995. Politik, Wirtschaft, Gesellschaft, Kultur. Opladen 1996, S. 35-56
Bohnet, Michael: Entwicklungspolitische Konzeptionen und Entwicklungszusammen-arbeit der EU-Beitrittsländer. In: Entwicklungspolitik 5/6 (2004), S. 26-30
BOND: Tackling Poverty. A proposal for European Union Aid Reform. London 2002
Bongo, Omar: Blanc comme nègre. Entretiens avec Airy Routier. Paris 2001.
Boniface, Pascal: La France est-elle encore une grande puissance? Paris 1998
Bonnefous, Edouard: La construction de l'Europe par l'un de ses initiateurs. Paris 2002
Booth, David (ed.): Theme Issue: Are PRSPs Making a Difference? The African Experience, Development Policy Review 21 (2003) 2
Borrmann, Axel/Karl Fasbender/Manfred Holthus/Albrecht von Gleich/ Bettina Reichl/ Rasul Shams: Erfolgskotrolle in der deutschen Entwicklungszusammenarbeit. Analyse, Bewertung, Reformen. Baden-Baden 1999
Box, Louk/von Braun, Joachim/Gabas, Jean-Jacques: Was kommt nach Lomé IV? Die Politik muß sich stärker an der Praxis orientieren. Maastricht 1999 (European Centre for Development Policy Management, März)
Boutros-Ghali, Boutros: The Interaction between democracy and development. Paris 2002
Braud, Philippe: L'Emotion en politique. Problèmes d'analyse. Paris 2003

Bréchon, Pierre/Annie Laurent/Pascal Perrineau (dir.): Les cultures politiques des Français. Paris 2000

Brubaker, Rogers: Nationalism reframed. Nationhood and the national question in the New Europe. Cambridge 1996

Brüne, Stefan: Halbherzige Reformen: Frankreich in Westafrika. In: Rill, Bernd (Hg.): Frankophonie - Nationale und internationale Dimensionen. München 2002, S. 109-113 (Hanns Seidel Stiftung, Argumente und Materialien zum Zeitgeschehen, 35)

----: Die politische Dimension der europäischen Entwicklungszusammenarbeit. In: Cord Jakobeit/Heribert Weiland (Hg.): Das „Afrika-Menmorandum" und seine Kritiker. Eine Dokumentation. Hamburg 2002, S. 130-134

----: Jenseits benevolenter Rhetorik: Offene Grundfragen europäischer Entwicklungspolitik. In: NORD-SÜD aktuell 14 (2000) 2, S. 296-303

---- (Hg.): Neue Medien und Öffentlichkeiten. Politik und Telekommunikation in Afrika, Asien und Lateinamerika. 2 Bde. Hamburg 2000

----: L'Allemagne et l'avenir des relations UE-ACP. La Convention de Lomé en questions. In: GEMDEV (ed.): Les relations entre les pays d'Afrique, des Caraibes et du Pacifique (ACP) et l'Union européenne après l'an 2000. Paris 1999. S. 107-120

----: Evaluierung als öffentliche Kommunikation - Zu den politischen und institutionellen Rahmenbedingungn entwicklungsbezogener Wirkungsbeobachtung. In: ders. (Hg.): Erfolgskontrolle in der entwicklungspolitischen Zusammenarbeit. Hamburg 1998, S. 9-26 (Schriften des Deutschen Übersee-Instituts, 39)

----: Gibt es eine Zukunft für Lomé? Die EU-AKP-Beziehungen auf dem Prüfstand. In: Internationale Politik 53 (1998) 11, S. 37-40

----: Die Zukunft der EU-AKP Beziehungen: Die deutsche Debatte. In: Nord-Süd aktuell 9 (1997) 3, S. 493-499

----:Neuer Realismus oder das Unbehagen an der Entwicklungshilfe. In: Betz, Joachim/Stefan Brüne (Hg.): Jahrbuch Dritte Welt 1997. Hamburg 1996, S. 67-76

----: Europas Entwicklungspolitiken. In: Aus Politik und Zeitgeschichte B29/95, 14 Juli 1995, S. 30-39

----: Die französische Afrikapolitik. Hegemonialinteressen und Entwicklungsanspruch. Baden-Baden 1995

----: Januskopf Binnenmarkt: Die Europäische Gemeinschaft, Lomé IV und die AKP-Staaten. In: Kreile, Michael (Hg.): Europa 1992 - Konzeptionen, Strategien, Außenwirkungen. Baden-Baden 1991, S. 99-115

----: The EC Internal Market, Lomé IV and the ACP Countries. In: Intereconomics 25 (July/August 1990) 4, S. 193-201

Brüne, Stefan/Joachim Betz/Winrich Kühne (eds.): Africa and Europe: Relations of two continents in transition. Münster/Hamburg: Lit-Verlag, 1994

Brüne, Stefan/Oskar von Maltzan: Demokratische Transition: Wahlen und Wahlbeobachtung in Guinea. In: Betz, Joachim/Stefan Brüne (Hg.): Jahrbuch Dritte Welt 1996. München 1995, S. 53-62

Brüne; Stefan/Andreas Mehler: Die neue französische Afrikapolitik - Face-lifting oder außenpolitische Wende? In: Institut für Afrika-Kunde/Rolf Hofmeier (Hg.): Afrika Jahrbuch 1997. Opladen 1998, S. 46-58

Buchet de Neuilly, Yves: Etudier la Politique Etrangère et de Sécurité Commune. Une observation participante dans les jeux bruxellois à plusieurs niveau. Paris 2002 (unveröff. Manuskript)

Burton, J.W.: Conflict and Communication. The use of Controlled Communication in International Relations. London 1969

Chabal, Patrick/Jean-Pascal Daloz: Africa works. Disorder as a political instrument. Oxford/Bloomington: James Curry, 1999

Claeys, Anne-Sophie: La "politique africaine" de l'Europe: constat d'un désengagement de la France (unveröff. Manuskript).

Collofong, Dietrich: Stärker miteinander in Afrika? Deutsche Entwicklungspolitik zwischen Frankreich und Europa, in: Dokumente, 55.Jahrgang, Heft 6, Dezember 1999, S.457-470

Council of Academic Advisers to the Federal Ministry for Economic Co-operation and Development: Prospects for EU-ACP development co-operation beyond the year 2000. BMZ aktuell 077. Bonn 1997

Cox, Aidan/John Healey/Antonique Koning (eds.): How European Aid Works. A Comparison of Management Systems and Effectiveness. London 1997

Crawford, Gordon: Human Rights and Democracy in EU Development Co-operation: Towards Fair and Equal Treatment. In: Marjorie Lister (ed.): European Union Development Policy. Boulder 1998, S. 131-178

Cautrès, Bruno/Dominique Reynié (dir.): L'opinion européenne. Paris 2000

Chafer, Tony: Franco-African Relations: No longer so exceptional? In: African Affairs

(2002) 101, S. 343-363

Charillon, Frédéric: Les enjeux d'une réinvention européenne de la politique étrangère. Paris 2002 (unveröff. Manuskript)

----: (Hg.): Les politiques étrangères. Ruptures et continuités. Paris 2001

Christiansen, Thomas/Emil Kirchner (ed.): Committee governance in the European Union. Manchester 2000

Cohen, Élie: Contrainte économique et action politique. In: Pouvoir (1994) 68, S. 87-100

Cohen, Samy: La Résistance des Etats. Les démocraties face aux défis de la mondialisation. Paris 2003

Coolsaet, Rik: La Politique Extérieur de la Belgique. Au cœur de l'Europe, le poids d'une petite puissance. Brüssel 2001

Cox, Aidan/John Healey/Antonique Koning: How European Ais Works. A Comparison of Management Systems and Effectiveness. London 1997

Czempiel, Ernst-Otto: Neue Sicherheit in Europa. Eine Kritik an Neorealismus und Realpolitik. Frankfurt 2002

D'Estaing, Valéry Giscard: Les Français. Réflexions sur le destin d'un peuple. Paris 2000

Dauderstädt, Michael : EU-Osterweiterung und Entwicklungspolitik. In: Entwicklungspolitik (2003) 14/15, S. 28-36

Dauderstädt, Michael (Hg.): EU-Osterweiterung und Entwicklungspolitik. Die „neuen" Geberländer Polen, Tschechien, Ungarn. Bonn 2002

Dauvergne, Alain: Convention européenne/Conférence intergouvernementales: deux logiques antagonistes? Paris 2004 (Edition Saint-Simon)

Defarges, Philipp Moreau: L'union européenne, espace de test des nouvelles diplomaties. In: Pouvoirs (1999) 88, S. 79-91

----: La France et l'empire. In: Politique étrangère (2000) 2, S. 333-342

Dehousse, Renaud (dir.): Une Constitution pour L'Europe? Paris 2002

Delmas, Philippe: De la prochaine guerre avec l'Allemagne. Paris 1999

Deloche-Gaudez, Florence: Frankreichs widersprüchliche Positionen in der Gemeinsamen Außen- und Sicherheitspolitik. In: Gisela Müller-Brandeck-Bocquet (Hg.): Europäische Außenpolitik. GASP- und ESVP- Konzeptionen ausgewählter EU-Mitgliedstaaten. Baden-Baden 2002, S. 120-133

Deutsch, Karl W.: Nationalism and Social Communication. Cambridge 1966

Deutscher Bundestag, 14. Wahlperiode, Drucksache 14/7128 vom 12.10.2001: Entwicklungspolitische Zusammenarbeit mit Simbabwe. Antwort der Bundesregierung auf die Kleine Anfrage der Abgeordneten Hans-Michael Goldmann, Ina Albowitz, Hildebrecht Braun (Augsburg), weiterer Abgeordneter und der Fraktion der FDP - Drucksache 14/6977

Devarajan, Shantayanan/David R. Dollar/Torgny Holmgren: Aid & Reform in Africa. London 2001

Diekmann, Irene/Peter Krüger/Julius H. Schoeps (Hg.): Geopolitik. Grenzgänge im Zeitgeist. Band 1 und 2. Potsdam 2000

Dopler, Wolfgang: Außenpolitik und öffentliche Meinung. Frankfurt/M. 1989

Dupoirier, Elisabeth/Béatrice Roy/Marie Lecerf: The Developement of National, Subnational and European Identities in European Countries. Cahiers Européens de Sciences Po (2000) 4

Easterly, William: The cartel of good intentions. Foreign Aid Bureaucracy. In: Foreign Policy (2002) 131, S. 40-50

----: The Cartel of Good Intentions: The Problem of Bureaucracy in Foreign Aid. In: Policy Reform (2003)   , S. 1-28.

Eberlei, Walter/Thomas Siebold: Armutsbekämpfung in Afrika: Neue Ansätze oder alte Konzepte? INEF Report 64 (2002)

Eid, Uschi/Helmut Asche: Deutsche Interessen und Pflichten in Afrika. Thesen zu einer erweiterten Friedens- und Sicherheitspolitik der Bundesrepublik Deutschland in Afrika. In: Frankfurter Rundschau, 27.09.2003

Elsenhaus, Hartmut: Das Internationale System zwischen Zivilgesellschaft und Rente. Münster 2001

----: Governance durch den machthungrigen Staat. In: WeltTrends (2003/2004) 41, S. 18-23.

Engel, Ulf/Robert Kappel u.a.: Memorandum zur Neubegründung der deutschen Afrikapolitik. Frieden und Entwicklung durch strukturelle Stabilität. Berlin 2000

Europäische Kommission: Jahresbericht 2001 über die Entwicklungspolitik der EG und die Umsetzung der Außenhilfe. Luxemburg 2002

Europäische Kommission: Jahresbericht der Europäischen Kommission über die Entwicklungspolitik der Europäischen Gemeinschaft und die Außenhilfe im Jahr 2002. Luxemburg 2003

Europäische Kommission: Development Policy, Extraction I. CD-ROM. Brüssel 2001

Eurostep: European Solidarity Towards Equal Participation of People. A Global Foreign Policy for Europe. An EUROSTEP briefing for the 1996 European Union International Conference. <http://www.oneworld.org/eurostep/coherenc.htm>

Featherstone, Mike (ed.): Global culture: Nationalism, Globalisation and Modernity. London/Newbury Park/New Dehli 1990

Ferry, Jean-Marc: La question de l'État européen. Paris 2000

----/Paul Thibaut: Discussion sur l'Europe. Paris 1992

Ficatier, Julia: La "Françafrique" se reconvertit. In: La Croix, 17.01.2001

Fitoussi, Jean-Paul/ Jacques Le Cacheux (Hg.): Rapport sur l'Etat de L'Union européenne 2004. Paris 2003

Flechtner, Stefanie: Neue Impulse in der europäischen Außen- und Sicherheitspolitik. Der Verfassungsentwurf des Konvents und die Sicherheitsstrategie von Solana. In: Eurokolleg (2003) 48

Forné, José: Les nationalismes identitaires en Europe. Les deux faces de Janus. Paris 1994

Foster, Mick: Criteria for Assessing the Case for Overseas Aid: A Note. In: Development Policy Review 21 (2003) 3, S. 293-300

Foucher, Michel: La République européenne. Paris 2000

Frank, Robert: La France et son rapport au monde au XXe siècle. In: Politique étrangère (2000) 3/4, S. 827-839

Fraser, Cameron: The Foreign and Security Policy of the European Union: Past, Present and Future. Sheffield 1999

Friedrich, Stefan: China und die Europäische Union. Europas weltpolitische Rolle aus chinesischer Sicht. Hamburg 2000 (Mitteilungen des Instituts für Asienkunde Hamburg, 321)

Frisch, Dieter: The future of the Lomé Convention. Initial Reflections on Europe's Africa Policy after the Year 2000. ECDPM Working Paper 11. Maastricht, 1996

----: La dimension politique dans les rapports avec les partenaires de Lomé. Contribution présentée au Colloque organisé par le GEMDEV sur La Convention de Lomé. Diagnostic, méthodes d'évaluation et perspectives. Paris, 27 juin 1997

Froehly, Jean-Pierre: Deutsch-französische Geopolitik. In: Dokumente (2000) 56, S. 287-291

----: Pragmatische Präsenz. Frankreichs neue Afrika-Politik.In: Dokumente 55 (Dezember 1999) 6, S.471-466
Froment-Meurice, Henri: Une politique étrangère pour quoi faire? In: Politique étrangère (2000) 2, S. 319-332
Gabas, Jean-Jacques: Nord-Sud: L'Impossible Coopération? Paris 2002
Gehring, Thomas: Die Europäische Union als komplexe internationale Organisation. Wie durch Kommunikation und Entscheidung soziale Ordnung entsteht. Baden-Baden 2002
Gellner, Ernest: Nationalism. London 1997
Ginsberg, Roy H.: The European Union in International Politics. Baptism by Fire. Lanham 2001
Girardet, Raoul: L'idée coloniale en France. Paris 1972
Goren, Haim (ed.): Germany and the Middle East. Past, Present, and Future. Jerusalem 2003
Graham, Gordon: Ethics in International Relations. Oxford 1997
Gratius, Susanne: Das Dilemma der dreifachen Blockade: Kuba als Beispiel für eine kontraproduktive Politik der „Demokratieförderung" seitens der USA und der EU. Hamburg 2002 (unveröff. Dissertation)
Greenfield, Liah: Nationalism. Five Roads to Modernity. Cambridge (Mass.) 1992
Grimm, Sven: European Development Cooperation to 2010. What scenario for the future? ODI-Briefing Paper (January). London 2004
----: The Future of European Development Co-operation. In: NORD-SÜD aktuell 17 (2003) 4, S. 665-667
-----: Die Afrikapolitik der Europäischen Union. Europas außenpolitische Rolle in einer randständigen Region. Hamburg 2003
Grosser, Alfred: Deutschland in Europa. Weinheim/Basel 1998
----: Frankreich und seine Außenpolitik 1944 bis heute. München/Wien 1986
Guéhenno, Jean-Marie: Malaise dans l'identification. In: La Pensée politique - La Nation. Paris 1995, S. 124-128
Haass, Richard N.: What to Do With American Primacy. In: Foreign Affairs 78 (September/October 1999) 5, S. 37-49
----.: Zur Rekonstruktion des Historischen Materialismus, Frankfurt/M. 1998, S. 92-126
Hacke, Christian: Die Außenpolitik der Bundesrepublik Deutschland. Von Konrad Adenauer bis Gerhard Schröder. Berlin 2003
----: Nationales Interesse als Handlungsmaxime für die Außenpolitik Deutschlands. In: Karl Kaiser und Joachim Kraus (Hg.): Deutschlands neue Außenpolitik, Bd. 3: Interessen und Strategien, München 1996, S. 3-53
Hafez, Kai: Die politische Dimension der Auslandsberichterstattung. Bd.1 und 2. Baden-Baden 2002
Hahn, Alois: Erinnerung und Prognose. Zur Vergegenwärtigung von Vergangenheit und Zukunft. Opladen 2002
Hamelink, Cees: Cultural Economy in Global Communication. New York 1983

Hamm, Brigite/Jochen Hippler/Dirk Messner/Christoph Weller: Weltpolitik am Scheideweg. Der 11. September 2001 und seine Folgen. Policy Paper 19 (Stiftung Entwicklung und Frieden).

Haut Conseil de la Francophonie: État de la Francophonie dans le monde. Données 1999-2000 et 6 études inédites. Paris 2001.

Hasenclever, Andreas: Die Macht der Moral in der internationalen Politik. Militärische Interventionen westlicher Staaten in Somalia, Ruanda und Bosnien-Herzegowina. Tübingen 2000.

Hazelzet, Hadewych: Carrots or Sticks? EU and US Reactions to Human Rights Violations (1989-2000). Florenz 2001 (unveröff. Promotionsmanuskript)

Hellmann, Gunther/ Klaus Dieter Wolf/ Michael Zürn (Hg.): Die neuen Internationalen Beziehungen. Forschungsstand und Perspektiven in Deutschland. Baden-Baden 2003

Hessel, Stéphane: Dix Pas dans le Nouveau Siècle. Paris 2002.

Hermes, Niels/Robert Lensink (Eds): Changing the conditions for development aid. A new paradigm? In: The Journal of Development Studies 37 (2001) 6, S. 1-16

Heumann, Hans-Dieter: Deutsche Außenpolitik jenseits von Idealismus und Realismus. München 2001

Hibou, Béatrice: La <decharge>, nouvel interventionisme. In: Politique africaine (Mars 1999) 73, S.6-15.

Hill, Christopher: National Foreign Policies and European Political Integration. London 1983

---- (ed.): The actors in Europe's Foreign Policy. London 1996

----: The capability-expectations gap, or conceptualizing Europe's international role. In: Journal of Common Market Studies 31 (September 1993) 3, S. 305-329

Hillebrand, Ernst/Günter Maihold: Von der Entwicklungspolitik zur globalen Strukturpolitik. Zur Notwendigkeit der Reform eines Politikfeldes. In: Internationale Politik und Gesellschaft (1999) 4, S. 339-351

Hocking, Brian (ed.): Foreign Ministries. Change and Adaptation. London 1999

Hocking, Brian /David Spence (eds.): Foreign Ministries in the European Union. Integrating diplomats. New York 2002

Hoffmann, Stanley: La France dans le monde 1979-2000. In: Politique étrangère (2000) 2, S. 307-317

Holland, Martin: The European Union and the Third World. New York 2002

---- (ed.): Common Foreign and Security Policy: The record and reforms. London 1997

Holthus, Manfred/Dietrich Kebschull (Hg.): Die Entwicklungspolitik wichtiger OECD-Länder. Eine Untersuchung der Systeme und ihrer außenwirtschaftlichen Implikationen, 2 Bde. Hamburg 1985

House of Lords/The European Union Committee: EU Development Aid in Transition. Report with Evidence. London 2004 (12th Report of Session 2003-04):

Hudalla, Anneke: Außenpolitik in den Zeiten der Transformation: Die Europapolitik der Tschechischen Republik 1993-2001. Münster 2003

Huntington, Samuel P.: The Lonely Superpower. In: Foreign Affairs (March/April 1999) 79, S. 35-49

Ikiara, Gerrishon K.: The future of Lome cooperation. What are the concerns for Africa? Contribution présentée au Colloque organisé par le GEMDEV sur La Convention de Lomé, Diagnostic, méthodes d'évaluation et perspectives. Paris, 27 juin 1997

Jachtenfuchs, Markus: Die Konstruktion Europas. Verfassungsideen und institutionelle Entwicklung. Baden-Baden 2002

Jachtenfuchs, Markus/Beate Kohler-Koch (Hg.): Europäische Integration. Opladen 1996

Jakobeit, Cord/Yenak, Alparslan (Hg.): Gesamteuropa: Analysen, Probleme und Entwicklungsperspektiven. Bonn 1983

Jankowski, James /Israel Gershoni (eds.): Rethinking Nationalism in the Arab Middle EastNew York 1997

Jeannnenney, Jean-Noel (dir.): Une idée fausse es un fait vrai: Les stéréotypes nationaux en Europe. Paris 2000

Jervis, Robert: Perceptions and Misperceptions in International Politics. New Jersey 1976

Joerges, Christian/Yves Mény/J.H.H. Weiler (eds): What Kind of Constitution for What Kind of Polity? Responses to Joschka Fischer. Florence 2000

Jørgensen, K.E.: Modern European diplomacy: a research agenda. In: Journal of International Relations and Development 2 (March 1999) 1, S. 78-96

Kabou, Axelle: Weder arm noch ohnmächtig. Eine Streitschrift gegen schwarze Eliten und weise Helfer. Basel: Lenos, 1993

Kaelble, Hartmut/Martin Kirsch/Alexander Schmidt-Gernig (Hg.): Transnationale Öffentlichkeiten und Identitäten im 20. Jahrhundert. Frankfurt 2002

Kagan, Robert: Macht und Ohnmacht. Amerika und Europa in der neuen Weltordnung München 2004

Kahler, Miles/David A. Lake (eds.): Governance in a Global Economy. Political Authority in Transition. Princeton 2003

Kappel, Robert: Europäische Entwicklungspolitik im Wandel. Perspektiven der Kooperation zwischen der Europäischen Union und den AKP-Ländern. Duisburg 1996 (INEF-Report, 17)

Kast, Günter: Der schwierige Abschied von der Vorherrschaft. Die Vereinigten Staaten von Amerika und die neue internationale Ordnung im asiatischpazifischen Raum. Münster 1998

Kaiser, Karl/Hans-Peter Schwarz (Hg.): Weltpolitik im neuen Jahrhundert. Bonn 2000

Keens-Soper, Maurice: Europe in the World. The Persistence of Power Politics. New York 1999

Keohane, Robert /Joseph Nye (eds.): Transnational Relations and World Politics. Cambridge (Mass.) 1971

----: Neo-Realism and its critics. New York 1986

----: After hegemony; Cooperation and Discord in the World Political Economy. Princeton (N.J.) 1984

Kermarec, Bruno: The EU and the ASEAN. Globalization and Regionalisms in Europe and Asia. Paris 2004

Kessler, Marie-Christine: La politique étrangère de la France. Acteurs et processus. Paris 1999

----: La politique de la coopération de la Communauté européenne. Kevenhörster

Kindermann, Gottfried-Karl: Der Aufstieg Asiens in der Weltpolitik 1840-2000. München 2001

----: Das Verhalten von Staaten – Zur Methodik der Internationalen Konstellationsanalyse, dem Analyseverfahren der Münchener Schule des Neorealismus. In: Reinhard C. Meier-Walser/Susanne Luther (Hg.): Europa und die USA. Transatlantische Beziehungen im Spannungsfeld von Regionalisierung und Globalisierung. München 2002, S. 124-133

Kissinger, Henry A.: Die Vernunft der Nationen. Über das Wesen der Außenpolitik. Berlin 1996

Kleger, Heinz (hg.): Der Konvent als Labor. Texte und Dolumente zum europäischen Verfassungsprozeß. Münster 2004

Klingebiel, Stefan/Katja Roehder: Entwicklungspolitisch-militärische Schnittstellen. Neue Herausforderungen in Krisen und Post-Konflikt-Situationen. Bonn 2004 (Deutsches Institut für Entwicklungspolitik, Berichte und Gutachten, 3)

---: Die entwicklungspolitisch-militärische Allianz: Der Beginn einer neuen Allianz? Bonn 2004 (Deutsches Institut für Entwicklungspolitik, Analysen und Stellungnahmen, 1)

Köhler, Volker: Wohlklingende Globalziele statt Realismus. Zur Glaubwürdigkeitslücke der gegenwärtigen deutschen Afrikapolitik.(unveröff. Manuskript)

Kohler-Koch, Beate: Organized Interests in European Integration: The Evolution of a New Type of Governance? In: H. Wallce/A. Young (eds.): Participation and Policy Making in the European Union. Oxford 1997

Kramer, Steven Philipp: Does France Still count? Westport/Conneticut/London 1994 (The Center for Strategic and International Studies, The Washington Papers, 164)

Krause, Alexandra: Mehr als ein Papiertiger? Die Konfliktbearbeitungspolitik der GASP in Afrika. Frankfurt/M. 2001 (HSFK-Report 9/2001)

----: Die EU als internationaler Akteur in Afrika. In: Das Parlament, B13-14/2002, 29. März 2002, S. 24-30

Krell, Gert: Weltbilder und Weltordnung. Einführung in die Theorie der Internationalen Beziehungen. Baden-Baden 2003

Krichewsky, Léna : Development Policy in the Candidate Countries. Wien 2002

Lamy, Pascal: L'Europe en première ligne. Paris 2002

Landfried, Christine: Das politische Europa. Baden-Baden 2002

Langewiesche, Dieter: Nation, Nationalismus, Nationalstaat in Deutschland und Europa. München 2000

Laroche, J. (dir.): La loyauté en relations internationales. Paris 2001
Le Gloannec, Anne-Marie /Aleksander Smolar: De Kant au Kosovo. Études offertes à Pierre Hassner. Paris 2003
Leisinger, Klaus M./Karin Schmitt/Rajul Pandya-Lorch: Six Billion and counting. Population Growth and Food Security in the 21th Century. Washington D.C. 2002
Le Pen, Jean-Marie: Pour sauver la France, il faut préserver l'Afrique, Le Figaro, 14.1.2002.
Lequesne, Christian: Paris-Bruxelles: Comment se fait la politique européenne de la France. Paris 1993
----/Jacques Rupnik: L'Europe des Vingt-Cinq. 25 cartes pour un jeu complexe. Paris 2004
Lesourne, Jacques: Le modèle francais. Grandeur et décadence. Paris 1998
Levy, Marc: Comment renouveler les politiques de "coopération au développement? Esprit (Juin 2000), S. 79-100
Lippold, Achim: Zwischen Neuanfang und Nostalgie. Über die schwierige Normalisierung der französischen Afrikapolitik. In: Dokumente 54.(August 1998) 4, S.271-278
Lister, Marjorie (ed.): European Union Development Policy. London 1998
Lister, Marjorie: The European Union and the South, London 1997
Littlewood, Jez: Weapons of Mass Destruction and the EU Security Strategy. In: Oxford Journal on Good Governance 1 (2004) 1, S. 55-60
Lüdeke, Axel: „Europäisierung" der deutschen Außen- und Sicherheitspolitik? Konstitutive und operative Europapolitik zwischen Maastricht und Amsterdam. Opladen 2002
Maalouf, Amin: Les identités meurtrières. Paris 1998
Manners, Ian/Richard Whitman (eds.): Foreign Policies of EU member States. Manchester 2000
Martenczuk, Bernd: From Lomé to Cotonou: The ACP-E.C. Partnership Agreement in a Legal Perspective. In: European Foreign Affairs Review 5 (Winter2000) 4, S. 461-487
Matambalya, Francis A:S:T.: The Merits and Demerits of the EU Policies Towards Associated Developing Countries. Frankfurt/M. 1999
Maull, Hanns W.: Die schleichende Krise der deutschen Außenpolitk: Plädyer für eine Remedur
http://www.deutsche-aussenpolitik.de/resources/dossiers/dossier_dlf.php?go=start
Maxwell, Simon/Paul Engel: European Development Cooperation to 2010. London 2003 (ODI Working Paper, 219)
Mayall, James: Nationalism and International Society. Cambridge 1990
Mayor, Frederico: The world ahead: our future in the making. London 2001
M'bokolo, Elikia: L'Afrique et le XXe siècle: dépossession, renaissance, incertitudes. In: Politique Étrangère (2000) 3-4, S. 717-729
Ministère des Affaires Ètrangères: La politique africaine da la France ...

Meier-Walser, Reinhard C.: Europa und die USA: transatlantische Beziehungen im Spannungsfeld von Regionalisierung und Globalisierung. München 2002

Meimeth, Michael/Joachim Schild (Hg.): Die Zukunft von Nationalstaaten in der europäischen Integration. Deutsche und französische Perspektiven. Opladen 2002

Mertes, Michael: Die Gegenwart der Vergangenheit: Zur außenpolitischen Relevanz von Geschichtsbildern. In: Internationale Politik 55 (September 2000) 9, S. 1-8

Messner, Dirk: Die Europäische Union muß kooperative Weltmacht werden. In: Friedensgutachten 2000, S.86-98

Meyer, Thomas: Identitätspolitik - Vom Missbrauch kultureller Unterschiede. Frankfurt/M. 2002

Michaelowa, Katharina: Who determines the Amount of Tied Aid: A public-Choice Approach. Hamburg 1996 (HWWA-Diskussionspapier, 40)

Molt, Peter: Ein neuer Realismus in der Entwicklungspolitik, in: Internationale Politik, 57 (2002) 4, S. 63-70

----: Die Europäische Union sucht nach einer gemeinsamen Afrikapolitik. In: Journal für Entwicklungspolitik 15 (1999) 3, S. 275-292

Montes, C./Migliors, S.: Evaluation of European Union aid managed by the Commission to ACP Countries: Synthesis Report. Brussels: European Commission, 1998

Müller, Harald: Spielen hilft nicht immer. Die Grenzen des Rational- Choice-Ansatzes und der Platz der Theorie des kommunikativen Handelns in den internationalen Beziehungen. In: Zeitschrift für internationale Beziehungen (1995) 2, S.371-391

Müller, Thorsten: Die Reform der Gemeinsamen Außen- und Sicherheitspolitik der Europäischen Union. Eine Analyse der Regierungskonferenz 1996 und des Amsterdamer Vertrages. Opladen 2002

Mummert, Uwe/Friedrich L. Sell (Hg.): Globalisierung und nationale Entwicklungspolitik. Münster 2003

Naudan, Chrystelle: Le processus de négociation de l'Accord de Cotonou. Paris 2000 (unveröff. Manuskript)

Neack, Laura/Jeanne A.K.Hey/Patrick J. Haney: Foreign Policy Analysis. Continuity and Change in its Second Generation. New Jersey 1995

Neßhöver, Christoph: Die Chinapolitik Deutschlands und Frankreichs zwischen Außenwirtschaftsförderung und Menschenrechtsorientierung (1989 bis 1997). Auf der Suche nach Balance. Hamburg 1999

Norman, Peter: The Accidental Constitution. The story of the European Convention. Brüssel 2003

Nongovernment Experts. NIC 2002-02. December 2000. http://www.cia.gov/cia//publications/globaltrends2015/index.html

Nuscheler, Franz: Multilateralismus vs. Unilateralismus. Kooperation vs. Hegemonie in den transatlantischen Beziehungen. Bonn 2001 (Stiftung Entwicklung und Frieden, Policy Paper, 16)

Nuttall, Simon: European Foreign Policy. Oxford 2000
Nye, Joseph S. Jr: Redefining the National Interest. In: Foreign Affairs 78 (July/August 1999) 4, S. 22-35
Observatoire permanent de la coopération française: Rapport 2001. Paris 2002
OECD: DAC Guidelines and Reference Series - Harmonising Donor Practices for Effective Aid Delivery. Paris 2003
OECD: France, New Zealand, Italy. DAC Journal Vol. 1, No.3. Paris 2000
OCDE: Les dossiers du CAD. France - Nouvelle-Zélande-Italie, Paris 2000.
OECD/DAC: Germany. Paris 1998 (Development Co-operation Review Series, 29)
OECD: Development Co-operation. Paris 1999
OECD/Development Assistance Committee: Joint Development Centre/Development Assistance Committee Experts' Seminar On Aid Effectiveness, selectivity and poor Performers, 17 January 2001.DCD/DAC (2001) 8
----: Geographical Distribution of Financial Flows to Aid Recipients 1995-1999. Disbursements, Commitments, Country Indicators. Paris 2001
----: DAC-Bericht 1994, Entwicklungszusammenarbeit. Politik und Leistungen der Mitglieder des Ausschusses für Entwicklungshilfe. Bericht des Vorsitzenden des Ausschusses für Entwicklungshilfe James H. Michel. Paris 1995
----: Development and Co-operation, 1999 Report. Efforts and Policies of the Members of the Development Assistance Committee. The DAC Journal1 (2000) 1
----: France, New Zealand, Italy. The DAC Journal, 1 (2000) 3
----: Austria. The DAC Journal, Vol. 1(2000) 2
Olsen, Gorm Rye: Europe in Search of an Africa Policy for the 21st Century - From Idealism to Instrumentalism. Leipzig 2000 (University of Leipzig Papers on Africa, 39)
Patten, Christopher: Towards a Common European Foreign Policy - How is the EU Doing? In: Challenge Europe, 19/10/2000
----: A Security Strategy für Europe. In: Oxford Journal on Good Governance 1 (2004) 1, S. 13-16
Peterson, John /Helene Sjursen: A Common Foreign Policy for Europe? Competing visions of the CFSP. London 1998
Pfaff, William: The Question of Hegemony. In: Foreign Affairs 80 (January/February 2001) 1, S.221-232
Pollet, Kris: Human Right Clauses in Agreements between the European Union and Central and eastern Countries. In: Revue des affaires européennes 3 (1997), S. 290-301
Powell, Colin L.: A Strategy of Partnerships. In: Foreign Affairs 83 (2004) 1, S. 22-34
Hans-Joachim Preuss/Klaus Wardenbach: Ach Europa! Für einen aktiveren deutschen Beitrag zur europäischen Entwicklungspolitik. In: Entwicklung und Zusammenarbeit 2, 1999, S. 45-47
Putnam, Robert D.: Diplomacy and Domestic Politics: The Logic of Two-Level Games. In: International Organization 42 (Summer 1988) 3, S. 427-460

Ramel, Frédéric: Philosophie des Relations Internationales. Paris 2002

Rat der Europäischen Union: Erklärung des Rates und der Kommission zur Entwicklungspolitik der Europäischen Gemeinschaft. Brüssel 2000 (16.11.2000)

Reithinger, Anton: Kohärenz in der europäischen Entwicklungspolitik. In: Meyns, Peter (Hg.): Staat und Gesellschaft in Afrika. Erosions und Reformprozesse. Hamburg 1996, S. 376-373

----: Probleme und Perspektiven europäischer Entwicklungspolitik. In: NORD-SÜD aktuell 9 (1995) 3, S. 387-394.

République française/Ministère des Affaires Étrangères: Développement: vers une identité européenne mieux affirmée? Paris 2000 (La documentation française)

Rice, Condoleezza: Promoting the National Interest. In: Foreign Affairs 79 (January/February 2000) 1, S. 45-63

Ross, Michael L.: Does Oil Hinder Democracy? In: World Politics (April 2001) 53, S. 325-361

République française/Ministère des Affaires Ètrangères: Développement: vers une identité européenne mieux affirmée. La documentation française. Paris 2000

Risse-Kappen, Thomas: Bringing transnational relations back in. Cambridge 1995

Risse, Thomas/Anja Jetschke/Hans Peter Schmitz: Die Macht der Menschenrechte. Internationale Normen, kommunikatives Handeln und politischer Wandel in den Ländern des Südens. Baden-Baden 2002

Robyn, Richard: A methodological approach to the question of national identity in Europe. In: Politique européenne (avril 2000) 1, S. 84-107

Rosamond, Ben: Theories of European Integration. New York 2000

Roy, Albert du: Domaine réservé. Paris 2000

Scharpf, Fritz W.: Interaktionsformen. Akteurzentrierter Institutionalismus in der Politikforschung, Opladen 2000

Schelling, Thomas C.: The strategy of conflict. Cambridge 1960

Schönhals, Michael: Doing things with Words in Chinese Politics. Five Studies. Berkeley 1992

Scholz, Dietmar: Abenteuer Europa. Geschichte und Identität Europas - Aufgaben und

Probleme der Europäischen Union. Münster 1999

Schlichte, Klaus: La Françafrique - Postkolonialer Habitus und Klientelismus in der französischen Afrikapolitik. In:. Zeitschrift für Internationale Beziehungen 5 (1998) 2, S. 309-343

Schmidt, Siegmar: Die Demokratie- und Menschenrechtsförderung der Europäischen Union unter besonderer Berücksichtigung Afrikas. München 1999 (Arbeitspapiere zu Problemen der Internationalen Politik und der Entwicklungsländerforschung, 28)

----: Die Afrikapolitik der Europäischen Union. In: Weidenfeld, W./Wessels, W. (Hg.): Jahrbuch der Europäischen Integration 2000/2001. Bonn 2001, S. 253-256.

Schmidt, Peter/Gary Geipel: Forward Again in US-European Relations. In: Oxford Journal on Good Governance 1 (2004) 1, S. 29-32

Schraeder, Peter J.: Competitors or Common Front: French and American Foreign Aid Practices and the Process of Democratization in Francophone Africa (1989-1997). Contribution présentée au Colloque organisé par le Centre d'Etudes d' Afrique Noire (CEAN) en collaboration avec le African Studies Center (Boston University), Bordeaux 22-24 Mai 1997.

----: Cold War to Cold Peace. Explaining U:S:-French Tensions in Francophone Africa. Leipzig 2000 (University of Leipzig Papers on Africa, No. 40)

Schubert, Klaus/Gisela Müller-Brandeck-Bocquet (Hg.): Die Europäische Union als Akteur der Weltpolitik. Opladen 2000.

Sebaldt, Martin: Parlamentarismus im Zeitalter der europäischen Integration. Zur Logik und Dynamik politischer Entscheidungsprozesse im demokratischen Mehrebenensystem der EU. Opladen 2002

Selchow, Ulla /Franz-Josef Hutter (Hg.): Menschenrechte und Entwicklungszusammenarbeit. Opladen 2003

Sendelbach, Valérie-Guérin: Frankreich und das vereinigte Deutschland. Interessen und Perzeptionen im Spannungsfeld. Opladen 1999

Siedentop, Larry: Demokratie in Europa. Stuttgart 2002

Smith, Anthony D.: Nations and Nationalism in a Gobal Era. Cambridge (Mass.) 1996

Smith, Karen E.: The use of Political Conditionality in the EU's Relations with Third Countries: How Effective? In: European Foreign Affairs Review (1998) 3, S. 253-274

Smith, Hazel: European Union Foreign Policy. What it is and What it Does. London 2002

Smouts, Marie-Claude (dir.): Les nouvelles relations internationales. Pratiques et théories, Paris 1998

----: Que reste-t-il de la politique étrangère? In: Pouvoirs (1999) 88, S. 5-15

Soetendorp, B.: Foreign Policy in the European Union. New York 1999

Solana, Javier: Thoughts on the reception of the European Security Strategy. In: Oxford Journal on Good Governance 1 (2004) 1, S. 13-16

Sørensen, Georg: The Transformation of the State. Beyond the Myth of Retreat. New York 2004

Spanger, Hans-Joachim: Die Wiederkehr des Staates. Staatszerfall als wissenschaftliches und entwicklungspolitisches Problem. Frankfurt/M. 2002 (HSFK-Report,1-2002)

SPD-Bundestagsfraktion: Principes de la politique social-démocrate à l'égard de l'Afrique. Berlin 1999

Jochen Steinhilber: Millenium Challenge Account. Goals and Strategies of US development policy. Bonn 2004 (FES Briefing Paper, March 2004)

Tavernier, Yves: La coopération française au développement. Bilan, analyses, perspectives. Paris 1999 (Ministère des Affaires étrangères).

Temir, Yael: Liberal Nationalism: Princeton 1993

Tetzlaff, Rainer: Rettung für Afrika? Deutsche Entwicklungspolitik zwischen Vision und Realität. In: WeltTrends (2001/2002) 33, S. 29-48

Thiel, Reinold E. (Hg.): Neue Ansätze zur Entwicklungstheorie. Bonn 1999

Todorov, Tzvetan: Die verhinderte Weltmacht. Reflexionen eines Europäers. München 2003

Touraine, Marisol: La représentation de l'adversaire dans la politique extérieure française depuis 1981. In: Revue française de Sciences Politiques 43 (1993) 5, S. 807-822

Urban, Marion: Die Koordinierung der Entwicklungszusammenarbeit unter EU-Gebern. Frankfurt/M.. Berlin, Bern, New York, Paris 1997

Vargas Llosa, Mario: Nationalismus als neue Bedrohung. Frankfurt/M. 2000

Vásquez, Ian: The New Approach to Foreign Aid. Is the Enthusiasm Warranted? In: Foreign Policy Briefing (September 2003) 79

Védrine, Hubert: Les Mondes de François Mitterrand. Paris 1996

----: Refonder la politique étrangère française. In: Le Monde diplomatique, Décembre 2000, S. 3

Védrine, Hubert (dialogue avec Dominique Moisi): Les cartes de la France à l'heure de la mondialisation. Paris 2000

Verschave, François-Xavier: Noir Chirac. Secret et impunité. Paris 2002

----: L'envers de la dette. Criminalité politique et économique au Congo-Brazza et en Angola. Marseille 2001

----: Noir procès. Offense à chefs d'Etat. Paris 2001.

----: Noir silence. Qui arrêtera la Françafrique. Paris 2000.

Ward, Angela: Framework for European Cooperation between the European Union and Third States: a viable Matrix for Human Rights Standards? In: European Foreign Affairs Review (1998) 3, S.505-536

Weidenfeld, Werner: Wie die EU verfasst sein soll. Die Frage nach der Finalität der europäischen Einigung. Neue Züricher Zeitung, 20. August 2002

Weiland, Heribert: Von Lomé zu Cotonou: das neue Abkommen zwischen AKP-Staaten und der Europäischen Union, in: Institut für Afrika-Kunde/ Rolf Hofmeier/ Cord Jakobeit: Afrika Jahrbuch 1999, S. 48-57

----: EU-SADC-Relations in flux: Interregionalism in Southern Africa (i.E.)

Welzer, Harald: Das kommunikative Gedächtnis. Eine Theorie der Erinnerung. Mün-chen 2002

White, Brian: The European Challenge to Foreign Policy Analysis. In: European Journal of International Relations 5 (1999) 1, S. 37-66

Wiemann, Jürgen: Ein neuer Anlauf zu einer europäischen Entwicklungszusammenarbeit. In: epd- Entwicklungspolitik (1999) 15-16, S. 40-43

Willems, Ulrich: Interesse und Moral als Orientierungen politischen Handelns,. Baden-Baden 2003

Winn, N. /Lord. C.: EU Foreign Policy Beyond the Nation-States: Joint Actions and Institutional Analysis of the Common Foreign and Security Policy. New York 2001

Wolf, Martin: Will the Nation-State survive Globalization? In: Foreign Affairs 80 (January/February 2001) 1, S.178-190

Wolf, Susanna (ed.): The Future of EU-ACP Relations. Frankfurt/Main 1999

Jürgen Wolff: Entwicklungshilfe - das hilfreiche Gewerbe. Versuch einer Bilanz.. Münster 2004

Youngs, Richard: European Union Democracy Promotion Policies: The Years On. In: European Foreign Affairs Review (2001) 6, S.355-373

Zartman, I.W. /J.Z. Rubin (eds.): Power and negotiation. University of Michigan Press 2000

Ziai, Aram: Entwicklung als Ideologie? Das klassische Entwicklungsparadigma und die Post-Development-Kritik. Ein Beitrag zur Analyse des Entwicklungsdiskurses. Hamburg 2004

Zielonka, Jan: Paradoxes of European Foreign Policy. The Hague 1998

Zimmerling, Ruth: Externe Einflüsse auf die Integration von Staaten. München 1991

Zitelmann, Thomas: Krisenprävention und Entwicklungspolitik. Denkstil und Diskursgeschichten. In: Peripherie (2001) 84, S. 10-25

Zürn, Michael: Regieren jenseits des Nationalstaates. Globalisierung und Denationalisierung als Chance. Frankfurt/Main 1998

Prof. Dr. Stefan Brüne
geb. am 4. Juni 1950 in Solingen

1968	Abitur in Wiesbaden
1969-74	Studium der Politischen Wissenschaft, Geschichte, Philosophie, Germanistik und Publizistik an den Universitäten Mainz und Marburg/Lahn
1975-77	Direktor, Day Care Teachers' Training Center, Debre Zeit, Äthiopien
1979	Zweite Staatsprüfung für das Lehramt an Gymnasien
1979-80	Regionalbeauftragter , Deutscher Entwicklungsdienst (DED), Dar-es-salaam, Tansania
1983	Visiting Researcher/Guest Lecturer, Department of Political Science and International Relations, Addis Abeba University, Äthiopien
1984	Promotion (Dr. phil), FU Berlin
1987-92	Hochschulassistent, Fachbereich Kultur- und Geowissenschaften, Universität Osnabrück
1993	Wissenschaftlicher Referent, Deutsches Übersee-Institut, Hamburg. Mitherausgeber des „Jahrbuch Dritte Welt" (Beck-Verlag); Redakteur der Zeitschrift Nord-Süd-aktuell
1995	Interdisziplinäre Habilitation (Sozialgeographie/ Politsche Wissenschaft), Fachbereich Kultur- und Geowissenschaften, Universität Osnabrück
1998	Außerplanmäßiger Professor, Fachbereich Kultur- und Geowissenschaften, Universität Osnabrück
2000-01	Chaire Alfred Grosser, Institut d'Études Politiques de Paris
2001-02	Chaire Relations internationales et integration européenne, Institut d'Études Politiques de Paris à Nancy (programme franco-allemand)
2002	Visiting Professor, College of Europe, Hamburg
2003-04	Otto von Freising-Gastprofessor, Katholische Universität Eichstätt-Ingolstadt

Ausgewählte Veröffentlichungen

Äthiopien - Unterentwicklung und radikale Militärherrschaft, Hamburg 1986.

Die französische Afrikapolitik. Hegemonialinteressen und Entwicklungsanspruch, Baden-Baden 1995.

Africa and Europe, Relations of Two Continents in Transition, Münster/Hamburg 1994 (zus. mit J.Betz/W. Kühne).

Erfolgskontrolle in der entwicklungspolitischen Zusammenarbeit, Hamburg 1998.

L'Allemagne et l'avenir des relations UE-ACP, in: Choquet, Catherine (red.): La Convention de Lomé en questions. Les relations entre les pays d'Afrique, des Caraïbes et du Pacifique (ACP) et l'Union européenne après l'an 2000, Paris 1998, S. 107-119.

Die EU als Nord-Süd Akteur. Abschied von Lomé, in: Schubert, Klaus/ Gisela Müller-Brandeck-Bocquet (Hg.): Die Europäische Union als Akteur der Weltpolitik, Opladen 2000, S. 205-218.

Neue Medien und Öffentlichkeiten, Politik und Tele-Kommunikation in Afrika, Asien und Lateinamerika, 2 Bde, Hamburg 2000.

Perspektiven für eine Europäisierung? Die nationalen Afrikapolitiken der wichtigsten europäischen Länder im Vergleich, in: Massarat, M./H.J. Wenzel/B. Sommer/G. Széll (Hg.): Die Dritte Welt und Wir. Bilanz und Perspektiven für Wissenschaft und Praxis. Freiburg 1993, S. 232-239.

Le tigre ne proclame pas sa tigritude. Zur Bedeutung der Frankophonie in Afrika., in: NORD-SÜD aktuell 10 (1996) 2, S. 276-282.

Neuer Realismus oder: Das Unbehagen an der Entwicklungshilfe, in: Betz, Joachim/Stefan Brüne (Hg.), Jahrbuch Dritte Welt 1997, München 1995, S. 67-77 (zus. mit Joachim Betz).

Der neue Reichtum in der Dritten Welt, in: Betz, Joachim/ Stefan Brüne (Hg.), Jahrbuch Dritte Welt 1998. München 1997, S. 9-23 (zus. mit Joachim Betz);

Die neue Armut in der Dritten Welt, in: Betz, Joachim/Stefan Brüne (Hg.): Jahrbuch Dritte Welt 1999. München 1998, S. 9-19.

Die afrikanische Informationsgesellschaft. Akteure, Abhängigkeiten, Potentiale, in: Donges, Patrick/Ottfried Jarren/Heribert Schatz (Hg.): Globalisierung der Medien? Medienpolitik in der Informationsgesellschaft. Opladen 1999, S. 211-227.

Der äthiopisch-eritreische Krieg, in: Betz, Joachim/Stefan Brüne (Hg.): Jahrbuch Dritte Welt 2000. München 1999, S. 157-175 (zusammen mit Wolfgang Heinrich).

Wachs und Gold - Äthiopiens erprobte Kultur des Versteckens, in: Caumanns, Ute/Mathias Niendorf (Hg.), Verschwörungstheorien - Typen, Variationen, Testfälle. Warschau 2000, S. 169-180.

Halbherzige Reformen: Frankreich in Westafrika, in: Rill, Bernd: Frankophonie - Nationale und internationale Dimensionen, Argumente und Materialien zum Zeitgeschehen 35, München 2002, S. 109-113.

Das Horn von Afrika mit Äthiopien, Eritrea, Somalia, Djibouti: Innen- und außenpolitische Aspekte von Sicherheit in der Region - eine Bestandsaufnahme, in: Bundesakademie für Sicherheitspolitik/Claudia Gomm (Hg.), Entwicklung und Sicherheit: Beispiel Ostafrika, Bonn 2002, S. 59-66.

Die politische Dimension der europäischen Entwicklungszusammenarbeit, in: Cord Jakobeit/Heribert Weiland (Hg.): Das „Afrika-Memorandum" und seine Kritiker. Hamburg 2002, S. 130-134.

Europas Außenbeziehungen und die AKP-Staaten: Das Abkommen von Cotonou - eine erste Zwischenbilanz, in: NORD-SÜD aktuell 16 (2002) 2, S. 301-314.

Stefan Brüne/Gaëlle Quillien:Ambitions et réalités de la PESC en Afrique. A travers l'analyse des crises à Madagascar et en Côte d'Ivoire., in: NORD-SÜD aktuell 16 (2002) 4, S. 605-612.

Braucht Europa nationale Entwicklungsministerien?, in: Internationale Politik 59 (2004) 11-12, S. 35-41.

Otto von Freising-Vorlesungen

Bd. 1: **Wilhelm G. Grewe**:
Das geteilte Deutschland in
der Weltpolitik
1990. 64 S., DM 18,-
ISBN 3- 486-55854-4

Bd. 2: **Berndt von Staden**:
Der Helsinki-Prozeß
1990. 66 S., DM 18,-
ISBN 3-486-55855-2

Bd. 3: **Hans Buchheim**:
Politik und Ethik
1991. 30 S., DM 18,-
ISBN 3-486-55921-4

Bd. 4: **Dmitrij Zlepko**:
Die ukrainische katholische
Kirche – Orthodoxer
Herkunft, römischer
Zugehörigkeit
1992. 62 S., DM 18,-
ISBN 3-486-55940-0

Bd. 5: **Roland Girtler**:
Würde und Sprache in der
Lebenswelt der Vaganten
und Ganoven
1992. 44 S., DM 18,-
ISBN 3-486-55956-7

Bd. 6: **Magnus Mörner**:
Lateinamerika im internationalen Kontext
1995. VI, 36 S., DM 18,-
ISBN 3-486-56009-3

Bd. 7: Probleme der internationalen Gerechtigkeit
Herausgegeben von **Karl Graf Ballestrem** und **Bernhard Sutor**
1993. 100 S., DM 28,-
ISBN 3-486-56010-7

Bd. 8: **Karl Martin Bolte**:
Wertwandel. Lebensführung. Arbeitswelt
1993. 69 S., DM 18,-
ISBN 3-486-56025-5

Bd. 9: **František Šmahel**:
Zur politischen Präsentation
und Allegorie im 14. und 15.
Jahrhundert
1994. 75 S., DM 18,-
ISBN 3-486-56077-8

Bd. 10: **Odilo Engels**:
Das Ende des jüngeren
Stammesherzogtums
1998. Ca. 60 S., ca. DM 18,-
ISBN 3-486-56011-5

Bd. 11: **Hans-Georg Wieck**:
Demokratie und Geheimdienste
1995. 50 S., DM 18,-
ISBN 3-486-56117-0

Bd. 12: **Franz-Xaver Kaufmann**:
Modernisierungsschübe, Familie und Sozialstaat
1996. 57 S., DM 18,-
ISBN 3-486-56242-8

Bd. 13: **Wolfgang Brückner**:
„Arbeit macht frei". Herkunft und Hintergrund der KZ- Devise
1998. Ca. 60 S., ca. DM 18,-
ISBN 3-486-56243-6

Bd. 14: **Manfred Hättich**:
Demokratie als Problem
1996. 26 S., DM 18,-
ISBN 3-486-56298-3

Bd. 15: **Horst Schüler-Springorum**:
Wider den Sachzwang
1997. 60 S., DM 18,-
ISBN 3-486-56309-2

Bd. 16: **Gerhard A. Ritter**:
Soziale Frage und Sozialpolitik
1998. 163 S., DM 29,-
ISBN 3-8100-2193-8

Bd. 17: **Uwe Backes**:
Schutz des Staates
1998. 80 S., DM 22,80
ISBN 3-8100-2297-7

Märtyrer, Schlachtenhelfer, Friedenstifter
2000. 138 S., DM 29,80
ISBN 3-8100-2446-5

Bd. 19: **Antonio Scaglia:**
Max Webers Idealtypus der nichtlegitimen Herrschaft
2001. 96 S., € 12,90 ISBN 3-8100-3142-9

Bd. 21: **Martin Sebaldt:**
Parlamentarismus im Zeitalter der Europäischen Integration 2002, 77 S. € 12,90
ISBN 3-8100-3638-3

Bd. 22: **Alois Hahn:** Erinnerung und Prognose 2003. 46 S. € 12,90 ISBN 3 -8100-3952-7

Bd. 23: **Andreas Wisching:**
Agrarischer Protest und Krise der Familie 2004, 97 S. € 12,90
ISBN 3–531–14274–7

VS Verlag für Sozialwissenschaften
ISBN 3-531-14562-2

If you have any concerns about our products,
you can contact us on
ProductSafety@springernature.com

In case Publisher is established outside the EU,
the EU authorized representative is:
**Springer Nature Customer Service Center GmbH
Europaplatz 3, 69115 Heidelberg, Germany**

Printed by Libri Plureos GmbH
in Hamburg, Germany